Pe. JOSÉ BORTOLINI

Conheça a BÍBLIA
Estudo popular

Pentateuco e História Deuteronomista

Gênesis | Êxodo | Levítico | Números | Deuteronômio
Josué | Juízes | 1 e 2 Samuel | 1 e 2 Reis

1

EDITORA
SANTUÁRIO

DIREÇÃO EDITORIAL:
Pe. Fábio Evaristo R. Silva, C.Ss.R.

CONSELHO EDITORIAL:
Ferdinando Mancilio, C.Ss.R.
Marlos Aurélio, C.Ss.R.
Mauro Vilela, C.Ss.R.
Ronaldo S. de Pádua, C.Ss.R.
Victor Hugo Lapenta, C.Ss.R.

COORDENAÇÃO EDITORIAL:
Ana Lúcia de Castro Leite

REVISÃO:
Luana Galvão

PROJETO GRÁFICO E CAPA:
Bruno Olivoto

ILUSTRAÇÕES DOS MAPAS:
Mauricio Pereira

Dados Internacionais de Catalogação na Publicação (CIP)
(Câmara Brasileira do Livro, SP, Brasil)

Bortolini, José
    Pentateuco e história deuteronomista: Gênesis, Êxodo, Levítico, Números, Deuteronômio, Josué, Juízes, 1 e 2 Samuel, 1 e 2 Reis/ Pe. José Bortolini. – Aparecida, SP: Editora Santuário, 2018. Bibliografia

    ISBN 978-85-369-0540-2

    1. Bíblia – Estudo e ensino 2. Bíblia. A.T. Deuteronômio – Crítica e interpretação 3. Bíblia. A.T. Pentateuco – Crítica e interpretação I. Título.

18-14411   CDD-221.6

Índices para catálogo sistemático:
1. Antigo Testamento: Bíblia: Teologia 221.6

2ª impressão

Todos os direitos reservados à **EDITORA SANTUÁRIO** – 2023

Rua Pe. Claro Monteiro, 342 – 12570-045 – Aparecida-SP
Tel.: 12 3104-2000 – Televendas: 0800 - 0 16 00 04
www.editorasantuario.com.br
vendas@editorasantuario.com.br

A coleção: "Conheça a Bíblia. Estudo popular"

Tentar popularizar o estudo da Bíblia Sagrada parece tarefa fácil, mas não é. De certa forma, é como caminhar na contramão da exegese, pois o estudioso de Bíblia normalmente é levado a sofisticar o estudo e a pesquisa. Há inclusive quem diga que o estudo popular da Bíblia não é coisa séria. Todavia, visto que a Bíblia é patrimônio do povo e não dos especialistas, cabe aos letrados desgastar-se para tornar esse livro acessível aos simples, ou seja, aos que não tiveram e nunca terão oportunidade de conhecer a fundo as ciências bíblicas.

Ocorre-me, a esse respeito, uma velha comparação: a do tatu e o joão-de-barro. Exegese significa "tirar para fora", "extrair". É mais ou menos aquilo que faz o tatu: ao cavar uma toca, "tira para fora" boa quantidade de terra, mas não sabe o que fazer com ela, pois seu objetivo é viver no fundo do buraco. O joão-de-barro, ao contrário, recolhe essa terra e com ela constrói a própria casa. Algo semelhante acontece no campo dos estudos bíblicos: os exegetas "tiram para fora" inúmeras informações a respeito de determinado livro da Bíblia. Mas a tentação é pensar que sua tarefa se esgotou aí. Os simples, ao contrário, aproveitam-se dessas informações e fazem a própria caminhada de fé e de conhecimento da Palavra de Deus.

É isso o que se busca com a presente coleção "Conheça a Bíblia. Estudo popular". Oxalá o esforço do especialista em popularizar a Palavra de Deus, associado à fome e sede dessa mesma Palavra por parte dos simples, provoque novamente a exclamação de Jesus: "Pai celeste, eu te louvo porque... revelaste essas coisas aos pequeninos" (veja Mateus 11,25).

Apresentação

A coleção "Conheça a Bíblia. Estudo popular" foi pensada, preparada, visando popularizar o estudo da Sagrada Escritura, a fim de que mais pessoas possam ter acesso a toda riqueza que existe em cada página que compõe a Bíblia. Este primeiro volume é dividido em duas partes. Na primeira, iremos conhecer o Petanteuco, nome dado ao conjunto dos cinco primeiros livros da Bíblia (Gênesis, Êxodo, Levítico, Números e Deuteronômio), que os judeus chamam de Torá (Lei). Essa imensa obra condensa diversas tradições e histórias do povo de Israel, iniciadas em torno 1850 antes de Cristo. Essas Histórias e tradições foram, primeiramente, transmitidas de forma oral, já que na região de Israel a escrita ainda não era dominada nesse período. Somente em torno do ano 1000 antes de Cristo é que parte dessas histórias começaram a ser registradas na forma escrita.

No Pentateuco, encontramos diferentes tradições. Cada região tinha um modo diferente de contar suas histórias e tradições: no Sul se contava de um modo e no Norte de outro. Todas essas histórias e tradições foram ajuntadas, formando, assim, uma espécie de colcha de retalhos. O personagem principal do Pentateuco é Moisés, grande líder que guia o povo do Egito até a terra prometida. A redação final do Pentateuco ocorreu no período pós-exílico, em torno do século V antes de Cristo.

Na segunda parte deste volume, iremos conhecer a História Deuteronomista, que inclui os livros de Josué, Juízes, 1 e 2 Samuel e 1 e 2 Reis. Esses livros são chamados de História

Apresentação

Deuteronomista, porque são inspirados pelo livro do Deuteronômio. Eles narram um longo período da caminhada do povo de Deus, da posse da terra, sob a liderança de Josué (por volta de 1220 antes de Jesus nascer), até a perda da terra com o exílio na Babilônia (586 a 538 antes de Cristo).

O núcleo central desse conjunto de livros nasceu no Reino do Norte e, depois, foi levado ao Reino do Sul. Esquecido no Templo de Jerusalém, foi descoberto no tempo do rei Josias (640-609), provocando uma reforma política e religiosa. Do ponto de vista político, o rei Josias estendeu sua autoridade sobre uma parte do antigo Reino do Norte, desaparecido há um século. Do ponto de vista religioso, um dos principais resultados foi a criação de uma escola inspirada no livro do Deuteronômio, que começa a escrever parte da História Deuteronomista, ou seja, o período da história que vai do rei Salomão (970-931) até a época de Josias. Mais tarde, durante o exílio na Babilônia (por volta do ano 561 antes de Jesus nascer), esses estudiosos deram acabamento à História Deuteronomista.

Algumas orientações úteis para o leitor:

- Os textos bíblicos citados são tirados ora da Bíblia de Jerusalém, ora da Bíblia Pastoral, ora são traduções do próprio autor. Dependendo da Bíblia que o leitor estiver utilizando, os textos podem ser diferentes. Quando isso acontecer, o leitor deverá procurar entender o sentido do texto e não apenas as palavras nele presentes;
- As respostas dos exercícios se encontram abaixo deles, e a ordem das respostas está colocada conforme o exercício foi proposto;
- Tenha sempre à mão um caderno de anotação, no qual você possa anotar suas principais conclusões sobre cada uma das partes do livro.

Boa leitura!

1
O livro do Gênesis

I. ANTES DE CONHECER O LIVRO

1. Uma árvore, ao mesmo tempo, estranha e bela

Os primeiros cinco livros da Bíblia formam um bloco chamado Pentateuco (Gênesis, Êxodo, Levítico, Números e Deuteronômio). Os judeus o chamam de Torá (Lei).

O Gênesis foi se formando ao longo de, mais ou menos, dez séculos até chegar a nós na forma atual. Antes de ser um texto escrito, era um conjunto de histórias, lendas, contos, listas de nomes etc., passados de boca em boca e de geração em geração. Os lugares privilegiados para a transmissão desses fatos eram as famílias ampliadas, conhecidas como clãs, os santuários locais, com suas festas, os momentos fortes de grupos etc. Exemplo: Abraão deve ter vivido por volta do ano de 1850 antes de Jesus nascer. A memória de seus atos foi conservada oralmente por cerca de oito séculos; somente em torno do ano 1000 antes de Cristo, começou-se a escrever aquilo que a memória oral conservou.

Muitos episódios do Pentateuco foram conservados de modos diferentes, de acordo com a região em que eram contados. Costuma-se falar de tradições. O mesmo fato era contado de um jeito numa região, e de outro, em outra.

Por isso muitos trechos dos primeiros cinco livros da Bíblia podem ser comparados com as peças de um museu.

Quando vamos visitar um museu, normalmente, ao pé de cada peça, encontramos uma plaqueta com informações essenciais, entre elas a data ou o século em que essa peça foi elaborada.

Certos textos são ainda mais interessantes. São como uma árvore ao mesmo tempo estranha e bela. Exemplo: Um pássaro deixou uma semente de figueira selvagem num galho de árvore. A figueira nasce, cresce abraçando a árvore, de modo que, de duas plantas distintas, percebemos um entrelaçamento de raízes, ramos e folhas formando uma nova e estranha planta. É mais ou menos isso o que aconteceu na história do dilúvio: na origem, tínhamos duas tradições orais distintas; para não perder a riqueza de ambas, quando se resolveu registrar por escrito o episódio do dilúvio, as duas tradições foram entrelaçadas, formando uma única narrativa.

Você pode perceber isso a seguir. Leia, primeiramente, os versículos em negrito; depois, leia os versículos em letras claras; finalmente, leia a mistura das duas tradições acerca do dilúvio que encontramos nos capítulos 6 a 8 do Gênesis. (Os trechos sublinhados são "costuras" de quem uniu as duas tradições.)

(6)[5]**Javé viu que a maldade humana crescia na terra e que todo projeto do coração humano era sempre mau. [6]Então Javé se arrependeu de ter feito o ser humano sobre a terra, e seu coração ficou aborrecido.** [7]E Javé disse: "Vou exterminar da superfície da terra as pessoas que criei, e junto também os animais, os répteis e as aves do céu, porque me arrependo de os ter feito". **[8]Noé, porém, encontrou graça aos olhos de Javé.**

[9]Eis a história de Noé. Noé era um homem justo, íntegro, entre seus contemporâneos, e andava com Deus. [10]Noé gerou três filhos: Sem, Cam e Jafé. [11]A terra se corrompera diante de Deus e estava cheia de violência. [12]Deus viu a terra corrompida, porque todo ser humano da terra tinha comportamento corrompido.

¹³Então Deus disse a Noé: "Para mim, chegou o fim de todos os seres humanos, porque a terra está cheia de violência por causa deles. Vou fazê-los desaparecer da terra. ¹⁴Faça para você uma arca de madeira resinosa; divida em compartimentos e calafete com piche, por dentro e por fora. ¹⁵A arca deverá ter as seguintes medidas: cento e cinquenta metros de comprimento, vinte e cinco de largura e quinze de altura. ¹⁶No alto da arca, faça uma janela de meio metro, como arremate. Faça a entrada da arca pelo lado; e faça a arca em três andares sobrepostos.
¹⁷Eu vou mandar o dilúvio sobre a terra, para exterminar todo ser vivo que respira debaixo do céu: tudo o que há na terra deve morrer. ¹⁸Mas com você eu vou estabelecer a minha aliança, e você entrará na arca com sua mulher, seus filhos e as mulheres de seus filhos. ¹⁹Tome um casal de cada ser vivo, isto é, macho e fêmea, e coloque-os na arca, para que conservem a vida juntamente com você. ²⁰De cada espécie de aves, de cada espécie de animais, de cada espécie de todos os répteis da terra, tome com você um casal, para os conservar vivos. ²¹Quanto a você, ajunte e armazene todo tipo de alimento; isso vai servir de alimento para você e para eles". ²² E Noé fez tudo como Deus havia mandado.

(7)¹Javé disse a Noé: "Entre na arca com toda a sua família, porque você é o único justo que encontrei nesta geração. ²Tome sete pares, o macho e a fêmea, de todos os animais puros; tome um casal, o macho e a fêmea, dos animais que não são puros, ³e tome também sete pares, macho e fêmea, das aves do céu, **para perpetuarem a espécie sobre toda a terra. ⁴Porque eu, dentro de sete dias, farei chover sobre a terra durante quarenta dias e quarenta noites, e eliminarei da face da terra todos os seres que eu fiz". ⁵E Noé fez tudo como Javé havia mandado.**
⁶Noé tinha seiscentos anos quando o dilúvio veio sobre a terra. **⁷Noé, com seus filhos, sua mulher e as mulheres de seus filhos, entrou na arca para escapar das águas do dilúvio.** ⁸Dos animais puros e impuros, das aves e dos répteis, ⁹entrou um casal, macho e fêmea, na arca de Noé, conforme Deus havia ordenado a Noé.

¹⁰**Depois de sete dias, veio o dilúvio sobre a terra.** ¹¹Noé tinha seiscentos anos quando se arrebentaram as fontes do oceano e se abriram as comportas do céu. Era exatamente o décimo sétimo dia do segundo mês. ¹²**E a chuva caiu sobre a terra durante quarenta dias e quarenta noites.**
¹³Nesse mesmo dia, entraram na arca Noé e seus filhos Sem, Cam e Jafé, com a mulher de Noé e as três mulheres de seus filhos; ¹⁴e, com eles, as feras de toda espécie, animais domésticos de toda espécie, répteis de toda espécie, pássaros de toda espécie, todas as aves, tudo o que tem asas. ¹⁵Com Noé entrou na arca um casal de tudo o que é criatura que tem sopro de vida; ¹⁶e os que entraram, eram um macho e uma fêmea de cada ser vivo, conforme Deus havia ordenado. E Javé fechou a porta por fora.
¹⁷Durante quarenta dias caiu o dilúvio sobre a terra. **As águas subiram e ergueram a arca, que ficou acima da terra.** ¹⁸As águas subiram e cresceram muito sobre a terra. E a arca flutuava sobre as águas. ¹⁹As águas subiam cada vez mais sobre a terra, até cobrirem as montanhas mais altas que há debaixo do céu. ²⁰A água alcançou a altura de sete metros e meio acima das montanhas. ²¹Morreram todos os seres vivos que se movem sobre a terra: aves, animais domésticos, feras, tudo o que vive sobre a terra e todos os seres humanos. ²²**Morreu então tudo o que tinha sopro de vida nas narinas, isto é, tudo o que vivia em terra firme.** ²³**Desapareceram todos os seres que estavam no solo, desde as pessoas até os animais, os répteis e as aves do céu. Foram todos extintos da terra. Ficou somente Noé e os que estavam com ele na arca.** ²⁴E a enchente encobriu a terra durante cento e cinquenta dias.
(8)¹Então Deus se lembrou de Noé e de todas as feras e animais domésticos que estavam com ele na arca. Deus fez soprar um vento sobre a terra, e as águas baixaram. ²As fontes do oceano e as comportas do céu se fecharam. **A chuva parou de cair** ³**e as águas, pouco a pouco, se retiraram da terra.** As águas se retiraram depois de cento e cinquenta dias. ⁴No décimo sétimo dia do sétimo mês, a arca encalhou sobre os montes de Ararat. ⁵E as águas continuaram escoando até o décimo mês, e no primeiro dia do décimo mês apareceram os picos das montanhas.

⁶Depois de quarenta dias, Noé abriu a janela que tinha feito na arca ⁷e soltou o corvo, que ia e vinha, esperando que as águas secassem sobre a terra. ⁸Então Noé soltou a pomba que estava com ele, para ver se as águas tinham secado sobre a terra. ⁹Mas a pomba não encontrou lugar para pousar, e voltou para Noé na arca, porque havia água sobre toda a superfície da terra. Noé estendeu a mão, pegou-a e a fez entrar junto dele na arca. ¹⁰Esperou mais sete dias, e soltou de novo a pomba fora da arca. ¹¹No fim da tarde, a pomba voltou para Noé: trazia no bico um broto novo de oliveira. Assim Noé ficou sabendo que as águas tinham escoado da superfície da terra. ¹²Noé esperou mais sete dias, e soltou novamente a pomba, que não voltou mais.

¹³Foi no ano seiscentos e um da vida de Noé, no primeiro dia do primeiro mês, que as águas secaram sobre a terra. Noé abriu então a janela da arca, olhou e viu que a superfície do solo estava seca. ¹⁴No vigésimo sétimo dia do segundo mês, a terra estava seca.

Exercício
Anote, numa folha, as diferenças entre as duas tradições. Exemplo: para uma, Deus é chamado de Javé; para outra, é chamado de "Deus".

2. De olho no retrovisor

Já vimos que existem séculos entre os fatos narrados em Gênesis e seu registro por escrito. Isso nos leva à seguinte questão: o que pretendiam as pessoas ao escrever coisas tão antigas? Simplesmente recordar coisas passadas? Claro que não. Nós dizemos que "recordar é viver", e isso valia também naqueles tempos. Os escritores dessas tradições orais eram mais ou menos como os motoristas em nossos dias: ao dirigir – para não correr perigos – devem ter sempre um olho no retrovisor.

Em outras palavras, registrar por escrito coisas tão antigas tinha como objetivo iluminar, esclarecer e alertar no momento presente. Nesse sentido, o livro do Gênesis não pode ser considerado história do modo como nós a imaginamos. Para nós, história é o registro rigoroso de fatos passados. Para o povo da Bíblia, porém, contar histórias é educar para o momento presente. O rigor científico e a veracidade exata dos fatos não importam tanto. Por isso entendemos por que, sobretudo, os primeiros onze capítulos estejam carregados de elementos mitológicos e lendários. Mito não é a mesma coisa que mentira ou falsidade. É, sim, uma forma de explicar realidades humanas, com a intenção de educar no presente as pessoas.

Continuando com a imagem do motorista atento ao retrovisor, podemos afirmar que os fatos narrados no Gênesis iluminaram três momentos importantes na história do povo de Deus. São como pausas ou paradas para examinar o mapa da viagem, revendo o caminho percorrido e planejando as próximas etapas.

A primeira parada – ou seja, a época em que foram registrados por escrito os primeiros episódios – aconteceu no tempo do rei Salomão (de 971 a 931 antes de Jesus nascer). O rei Salomão casou com uma filha do Faraó, rei do Egito. Com a esposa, ele importou também a política e a economia do Egito, país onde a serpente era tida como deus. Envolvendo a cabeça do Faraó, a serpente era símbolo do discernimento e da sabedoria. Acontece que Salomão, copiando o modelo político do Egito, acabou reduzindo seu povo à escravidão. É nesse contexto que surge o texto do Gênesis falando da serpente que seduziu Eva e Adão. Além disso, nessa época, era muito forte a tentação de aceitar a religião dos povos cananeus que, entre outras divindades, cultuavam a serpente.

A segunda parada – ou seja, a época em que foram registrados por escrito outros episódios – aconteceu entre os anos 800 e 700 antes de Cristo. E a terceira é da época do exílio na Babilônia e depois dele (de 586 a 400 antes de Jesus nascer). Concluindo, pode-se com certeza afirmar que os textos do Gênesis não são narrativas frias de fatos passados. Elas pretendem, olhando para o passado, iluminar e orientar o presente.

II. CONHECENDO O LIVRO

Os 50 capítulos do Gênesis podem ser agrupados em três unidades: 1-11: as origens do mundo e da história; 12-36: as raízes do povo de Deus (história dos patriarcas); 37-50: a história de José e seus irmãos.

1. As origens do mundo e da história (capítulos de 1 a 11)

Os acontecimentos narrados nesses capítulos não são história no sentido que nós damos a esta palavra. Não desejam mostrar como as coisas aconteceram. Pretendem, por um lado, iluminar as grandes questões acerca do ser humano e do mundo, surgidas no tempo em que essas narrativas foram escritas; por outro lado, desejam mostrar a qualidade das coisas criadas: o mundo e o próprio ser humano.

Duas histórias da criação (capítulos 1 e 2)
As duas histórias da criação nasceram em tempos distintos e com preocupações diferentes. A primeira (1,1-2,4a) foi criada no tempo do exílio na Babilônia (586-538 antes de Cristo) e tem algumas preocupações básicas: mostrar a harmonia e a bondade do mundo saído das mãos de Deus; sublinhar o tema do repouso em dia de sábado, pois no exílio os judeus não tinham direito ao descanso; mostrar que os astros (sol, lua etc.) não são deuses, como queriam os babilônios, mas simples criaturas de Deus; provar que o caos social não vem de Deus, e, sim, do mau uso que o ser humano faz da liberdade etc.

Pentateuco

Relacione os dias da criação, de acordo com o que você lê em sua Bíblia. Anote o tema da *separação* e o tema da *bondade* das coisas.

Primeiro dia ①   ○ sol, lua, estrelas

Segundo dia ②   ○ peixes do mar e aves

Terceiro dia ③   ○ ser humano

Quarto dia ④   ○ céu

Quinto dia ⑤   ○ luz

Sexto dia ⑥   ① terra e mares

Respostas: 4; 5; 6; 2; 3; 1.

Agora, responda às seguintes perguntas:
1. Quantas vezes aparece o tema da separação? O que isso significa?
2. Quantas vezes Deus afirma que as coisas por ele criadas são boas? O que isso significa?
3. Por que o ser humano é criado no sexto dia, às vésperas do descanso e da festa no sábado?
4. Quantas vezes Deus abençoa aquilo que criou?
5. Qual das criaturas se parece mais com Deus? Por quê?

A segunda história da criação (2,4b-25) tem outras preocupações, porque surgiu num tempo diferente da primeira. É uma história mais antiga, provavelmente do tempo do rei Salomão (971-931 antes de Cristo). A preocupação principal é mostrar quem é o ser humano (homem e mulher) e o carinho que Deus tem por ele. O ser humano é moldado por Deus; vive num jardim paradisíaco, onde nada lhe falta; a mulher é companheira e auxiliar do homem, e não sua escrava; o ser humano é colaborador de Deus, cuidando e cultivando o jardim, para que continue sendo um paraíso; é senhor da criação e livre... O fato de estarem nus significa o pleno e total respeito pelo outro, coisa que não acontecia no tempo em que essa história foi escrita.

> **Exercício**
> Tente ler essa história pelo avesso, ou seja, imagine como eram as relações entre as pessoas quando essa história foi escrita. Exemplo: Deus pôs o ser humano num paraíso, *mas nós vivemos num inferno...*

A culpa e o pecado (capítulos 3 e 4)
O tema da serpente sedutora já foi visto acima, bem como a época e as preocupações que estão por detrás desses capítulos. O ser humano foi criado livre, e a liberdade é seu maior dom. Mas o que é liberdade? É poder fazer tudo o que queremos, mesmo que isso prejudique os outros? A serpente diz que sim, afirma que o ser humano pode rivalizar com Deus e ser como ele. Na verdade, a minha liberdade sempre pressupõe a presença de outras pessoas igualmente livres. É por isso que se diz "a minha liberdade termina onde começa a tua".

A serpente insinua que a liberdade de cada um não tem limites. Isso é dito mediante o verbo *comer*. Anote em sua Bíblia a presença desse verbo no capítulo 3 e comprove aquilo que estamos dizendo. A culpa do ser humano é querer "comer" tudo e, com isso, ceder à tentação da serpente, pretendendo ser como Deus. Essa tentação levou o rei Salomão a criar a *corveia*, ou seja, a escravização forçada de seu povo.

Qual a consequência mais grave de tudo isso? O capítulo 4 responde com o episódio de Caim matando Abel. Ele se considerou dono da vida do irmão mais novo. É justamente aí (4,7) que na Bíblia aparece pela primeira vez a palavra "pecado". Pode-se então dizer que, como um rio deságua no mar, a culpa de Adão e Eva culmina no pecado de Caim, assassino do irmão Abel.

Quando isso acontece, a harmonia da criação é desfeita e surge novamente o caos. A história do dilúvio é uma amostragem disso: o crescimento da violência é capaz de gerar a destruição do próprio homem e de toda a criação. O dilúvio é o retorno ao caos primitivo, anterior à criação de Deus. Deus criou a harmonia; a violência humana cria o caos.

> Lido na linha do crescimento da violência, o capítulo 5 prepara a narração do dilúvio (capítulos 6 a 8). Em vez de se preocupar com questões ligadas à leitura fundamentalista da Bíblia, tenha presente o seguinte: o mundo hoje está à beira do caos e da autodestruição, e isso não vem de Deus, mas do próprio ser humano. Tente descobrir as causas de uma possível destruição do mundo e da humanidade: bombas atômicas, guerra nuclear, poluição, desmatamento etc. Comente isso com seus amigos.

Recomeçando a vida (capítulos de 9 a 11)
Deus não desiste de seu projeto, apesar da teimosia humana. Ele faz aliança com a família de Noé e com toda a criação. A história da humanidade é um contínuo vai e vem entre o projeto de Deus, que quer a vida, e o projeto do ser humano, que muitas vezes impede a vida. A história da torre de Babel vai nesse sentido (capítulo 11), até que o ser humano aprenda a conhecer e a obedecer a Deus. Isso acontece a partir do capítulo 12, com a história de Abraão, o homem de fé e obediente a Deus.

2. As raízes do povo de Deus: história dos patriarcas
(capítulos de 12 a 50)

A história de Abraão (12,1-25,18)
Da história de Abraão destacamos estes pontos:
- O *"arameu errante"*. Deuteronômio 26,5 chama Abraão de "arameu errante". Certamente, ele foi um dos muitos migrantes saídos de seu país em busca de nova terra, seguindo a rota das migrações e das caravanas de comerciantes. Essa rota, bem como seus territórios, é chamada de Crescente (ou Meia-lua) Fértil, e unia a Mesopotâmia ao Egito. Abraão desejava basicamente duas coisas: uma terra onde criar seus rebanhos e uma descendência para perpetuar seu nome. E Deus lhe promete justamente aquilo que ele mais desejava: para isso, ele tem de sair do próprio país, seguindo o mandato de Deus. Entre suas andanças, o livro do Gênesis narra uma ida ao Egito e vinda do Egito.

O MUNDO ANTIGO

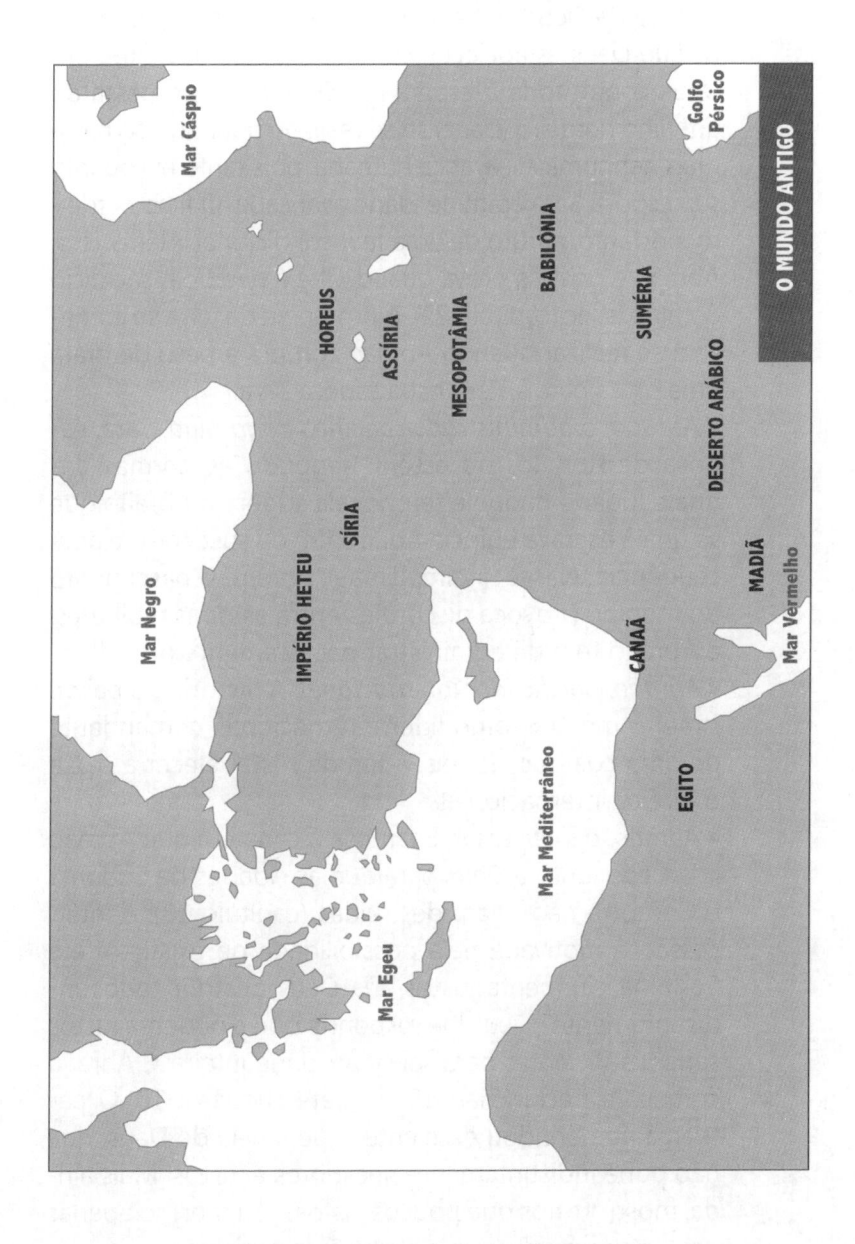

- Mar Cáspio
- Golfo Pérsico
- HOREUS
- ASSÍRIA
- MESOPOTÂMIA
- BABILÔNIA
- SUMÉRIA
- DESERTO ARÁBICO
- Mar Negro
- IMPÉRIO HETEU
- SÍRIA
- CANAÃ
- MADIÃ
- Mar Vermelho
- EGITO
- Mar Mediterrâneo
- Mar Egeu

- *Abraão, o homem de fé.* Daniel 3,35 chama Abraão de "amigo de Deus". Essa amizade se concretizou na aliança que Deus estabeleceu com ele. Abraão acreditou em Deus contra toda a esperança. De fato, a promessa de um filho herdeiro (Isaac) só se realizou quando não havia mais nenhuma esperança humana, pois tanto ele quanto sua esposa Sara eram de idade avançada. O filho herdeiro, portanto, é fruto de uma fé incondicional. Além disso, Abraão é posto à prova quando lhe é pedido o sacrifício do filho Isaac (capítulo 22). A promessa da terra só começa a se realizar quando Abraão compra a peso de prata uma gruta para enterrar sua esposa Sara.
- *Abraão, o administrador pacífico da família.* Sara, esposa de Abraão, era estéril. Segundo as normas daquele lugar e daquele tempo, ela sugere a Abraão que se una à escrava egípcia Agar, a fim de suscitar-lhe descendência. Nasce, assim, Ismael. Porém, o nascimento do menino provoca discórdias entre as duas mulheres, e Abraão tem de administrar pacificamente o conflito.
- *Abraão, pacificador internacional.* A história do pai de Israel o mostra como líder internacional, comandante de uma coalizão de reis, a fim de restabelecer a paz e o direito internacionais.
- *Abraão, o intercessor.* É famosa a cena em que Abraão intercede junto a Deus para que as cidades de Sodoma e Gomorra não sejam destruídas (capítulo 18). A intercessão é motivada pela possibilidade de existirem em Sodoma cinquenta justos. Iria Deus destruir todos indistintamente? Deus lhe responde que cinquenta justos seriam suficientes para salvar a cidade inteira. E Abraão começa a pechinchar: 45, 40... até chegar a 10. O patriarca nos brindou excelente experiência de Deus, que não pune indistintamente pecadores e justos. Mais ainda, mostrou-nos que poucos justos – ou mesmo apenas um – podem salvar uma multidão de injustos.

- *Abraão, o hospitaleiro*. Igualmente famoso é o episódio de Abraão acolhendo os três peregrinos (capítulo 18). Engenhosamente, o texto alterna a presença de uma ou de três pessoas. Na hora mais quente do dia, por causa da inesperada visita, Abraão não tem sossego, até que fique pronto um verdadeiro banquete para bem acolher os peregrinos. A cena nos mostra que, acolhendo bem as pessoas, estamos na verdade acolhendo o próprio Deus. Mais ainda: quando acolhemos bem as pessoas, os primeiros beneficiados somos nós mesmos, pois é justamente nesse ato que Abraão recebe a grande notícia tão desejada: dentro de um ano você vai ser papai!
- *Abraão, o benfeitor*. Abraão tinha um sobrinho chamado Ló. Ambos possuíam muitos rebanhos, e os empregados de um e de outro começaram a brigar. O patriarca, então, chamou o sobrinho e lhe disse: "Veja bem, não é bom que briguemos, pois somos parentes. Escolha para onde você quer ir, pois devemos separar-nos. Se você for para a direita, eu irei para a esquerda..." Ló viu todo o vale fértil e o escolheu para aí morar, de modo que Abraão ficou com a parte pior. Mas o benfeitor pensa assim: é nobre o mais forte permitir que o mais fraco escolha o melhor. E Abraão tinha razão: logo a seguir, Deus lhe renovou a promessa da terra.

Continuando a conhecer Abraão
Acabamos de apresentar algumas características de Abraão. Lendo sua história, você pode descobrir outras. Aceite o desafio!

A história de Isaac e de Jacó (25,19-36,43)
Isaac: "Filho de peixe, peixinho é". A história de Isaac é muito parecida com a de seu pai Abraão. Na verdade, entre os patriarcas, Isaac é figura apagada, mas os textos que a ele se referem esforçam-se em mostrá-lo fazendo as mesmas coi-

sas que seu pai. Além disso, Rebeca, sua esposa, parece mais esperta que a matriarca Sara. De fato, é por iniciativa da mãe que Jacó rouba de Esaú a bênção especial que o torna mais importante que o primogênito. E quando a situação piora para Jacó, é Rebeca quem o envia para junto de Labão, seu irmão e tio de Jacó.

> Compare 26,1-14 com 12,10-20; 26,15-25 com 21,25-31; 26,26-33 com 21,22-23 e perceba como Isaac repete as mesmas ações de seu pai.

Jacó: "O feitiço virou contra o feiticeiro". A primeira etapa da vida de Jacó é marcada pela trapaça. Desde o nascimento, ele "pega no pé" do irmão mais velho. Eram gêmeos, mas o texto diz que Jacó saiu do ventre materno agarrado ao calcanhar de Esaú. Este tinha direitos especiais por ser o primogênito. Mas certo dia, imprudentemente, trocou seus direitos por um prato de lentilhas. Ajudado pela mãe, usurpou do irmão mais velho a bênção especial que o pai dava ao primogênito.

Mas nem sempre foi assim. Devendo fugir para não ser morto por Esaú, refugiou-se em Harã, junto a seu tio Labão. Apaixonou-se por Raquel, filha mais nova de Labão e, para casar com ela, trabalhou de graça por sete anos. Porém, na noite do casamento, o tio introduziu Lia, sua filha mais velha, na tenda de Jacó, enganando-o. Jacó teve de trabalhar mais sete anos para ganhar Raquel como esposa. Delas e das servas de cada uma, Jacó teve 12 filhos e uma filha, Dina. Eis os nomes das futuras doze tribos: Rúben, Simeão, Levi, Judá, Dã, Neftali, Gad, Aser, Issacar, Zabulon, José e Benjamim.

Pai de muitos filhos e possuidor de muitos bens, pois Deus o tinha abençoado, Jacó retornou a sua terra, reconciliou-se com Esaú, e juntos sepultaram Isaac.

Humor judaico

Na história de Isaac e de Jacó, há episódios humorísticos que podem ser lidos nas entrelinhas. O primeiro é este: Isaac estava cego e, antes de morrer, desejava comer um bom prato, resultado da caça de Esaú, o primogênito, pai dos edomitas. Rebeca, a mãe, antecipou-se e preparou o prato. Chamou Jacó, vestiu-o com as roupas de Esaú, cobrindo-lhe os braços e o pescoço com o couro dos cabritos, pois Esaú era peludo. E deu-lhe o prato para que o levasse ao velho pai. Este o apalpou e disse: "A voz é de Jacó, mas os braços são de Esaú". E o abençoou, dizendo: "O cheiro do meu filho..."
Os judeus perguntaram, então: "Sabem qual é o cheiro dos edomitas?" – "Eles cheiram a bode!"
O segundo é este: quando Jacó fugiu da casa do tio Labão, Raquel roubou os deuses domésticos do pai. Labão perseguiu o sobrinho à procura de seus deuses. Jacó não sabia que Raquel os havia roubado e disse ao sogro: "Você pode matar a pessoa com quem encontrar seus deuses!" Labão procurou por tudo, sem nada encontrar. Entrou na tenda de Raquel, e ela sentou-se sobre os deuses do pai, desculpando-se: "Desculpe, papai. Não posso me levantar porque estou menstruada".
Perguntaram os judeus: "Que raio de deuses são estes que toleram semelhante situação?" – Sem palavras.

* * *

Os filhos de Jacó

Com Lia: Rúben, Simeão, Levi, Judá, Issacar, Zabulon e Dina; *com Zelfa, serva de Lia:* Gad e Aser; *com Raquel:* José e Benjamim; *com Bala, serva de Raquel:* Dã e Neftali.

A história de José (37-50): *"Deus escreve direito por linhas tortas".*
A história de José pretende mostrar várias coisas. Indicamos algumas:

1. Escrita no tempo do rei Salomão, é uma tentativa de justificar a política desastrosa desse rei. De fato, Salomão acabou reduzindo seu povo à escravidão forçada, coisa que já havia acontecido quando José administrava a política do Egito em tempo de crise.
2. Deus age como que às escondidas na trama dos acontecimentos humanos. Com efeito, na história de José, quase não se fala da intervenção de Deus; ele, como se diz, "escreve direito por linhas tortas". As linhas tortas, evidentemente, representam as ações nem sempre justas dos seres humanos.
3. O justo, apesar de sofrer muitos reveses, no fim acaba sendo recompensado, e o rejeitado se torna fonte de salvação para aqueles que o rejeitaram.
4. A fraternidade alcança seu ponto alto quando as pessoas se tornam responsáveis umas pelas outras. Nesse sentido, o final da história de José é o reverso do episódio em que Caim mata Abel. De fato, somente a partir do momento em que o irmão mais velho (Judá) se torna responsável pelo irmão mais novo (Benjamim) é que José se dá a conhecer aos irmãos, e a fraternidade é reconstituída. Caim diz a Deus: "Sou por acaso o guarda do meu irmão?"
5. A predileção de Deus (e de certas pessoas) pelo mais novo e frágil (Deus prefere Abel a Caim, o caçula Davi a seus irmãos mais velhos; Salomão suplanta seu irmão mais velho na corrida ao trono, Jacó é preferido a Esaú, e o próprio Jacó prefere José a seus outros filhos mais velhos...).
6. O tema da sabedoria. Tanto Salomão quanto José são homens sábios. E o princípio da sabedoria é o temor de Deus, característica de José, modelo para Salomão, patrono da Sabedoria em Israel.
7. O respeito pelo ancião na pessoa do velho patriarca Jacó. A narrativa deixa suspeitar que é viúvo, e seu único consolo na velhice é o filho Benjamim.
8. A história de José é importante, porque mostra como os hebreus foram parar no Egito e, mais tarde, tornados escravos do Faraó e, a seguir, libertados (tema do início do Êxodo).

> **Você acredita nos sonhos?**
> Muitas vezes, na Bíblia, os sonhos são importante veículo de comunicação por parte de Deus. Foi assim com Jacó e com José. Este não só tem sonhos, como sabe interpretá-los corretamente. Nos textos apocalípticos (por exemplo, o livro de Daniel), os sonhos e sua interpretação ocupam lugar importante, e quem os interpreta corretamente é considerado sábio. Mas, nos textos apocalípticos, os sonhos são sempre "construídos", ou seja, inventados por quem escreve. A Psicologia tem nos sonhos um excelente material para o conhecimento da alma humana.

37,1-11: *"Sonho meu, sonho meu..."* A história de José começa com sonhos que anunciam o futuro do clã. Note-se a diferença de reações: os irmãos revelam ciúmes e ódio, seja porque Jacó lhe dedica afeto especial, presenteando-o com uma bela túnica, seja porque os sonhos mostram José acima deles. O ódio dos irmãos faz eco à atitude de Caim e contrasta com a perplexidade de Jacó.

37,12-36: *"Abandonado, assim que eu me sinto longe de você".* O resultado do ódio fraterno logo se faz ver. José vai à procura dos irmãos que *cuidam* de rebanhos e que, ao vê-lo, *procuram* matá-lo, ao invés de *cuidar* do irmão mais novo. Aqui se entrelaçam duas tradições, mas fica claro que a venda do irmão e o estrago feito na túnica são para eles a morte de José, pois assim o consideram daqui em diante.

Capítulo 39: *"Então faça sua escolha logo e se decida: vai querer o mal ou o bem para sua vida?"* Entram em cena Putifar e sua mulher. Aos olhos do patrão, José cresce em confiança, responsabilidade e retidão. Aos olhos da patroa cresce o desejo. A paixão frustrada se transforma em ódio semelhante ao ódio dos irmãos. E José acaba na cadeia.

Capítulos 40-41: *"Tudo nessa vida é merecimento, o que a brisa leva volta com o vento".* No fundo do poço (prisão), tem início a recompensa do homem reto. Mas, como no caso de Abraão, para ser beneficiado, é preciso antes beneficiar os outros. Em que pese a má sorte embutida no sonho do chefe dos padeiros, os sonhos do chefe dos copeiros e do Faraó o comprovam: o chefe dos copeiros é libertado, e o Faraó é alertado acerca do futuro sombrio do país. A fama de José como pessoa sábia o leva ao posto mais alto em todo o Egito, inferior apenas ao Faraó, que o encarrega de abastecer o país em vista dos sete anos de carestia.

Capítulos 42-43: "Eu vendo meu burro, meu jegue e o cavalo, nóis vamo a São Paulo viver ou morrer... Se nosso destino não for tão mesquinho, ai, pro mesmo cantinho nóis torna a voltar". A fome obriga os irmãos de José a descer ao Egito em busca de mantimentos. José é o grande provedor desse país, e os irmãos se encontram com ele, sem reconhecê-lo. José, porém, reconhece-os, interroga-os e acusa-os de serem espiões. Um deles, Simeão, deve ficar retido no Egito, e da próxima vez Benjamim deverá descer ao Egito para que Simeão seja libertado e a acusação de espiões, retirada. Os irmãos retornam ao pai Jacó e, surpreendentemente, encontram nas sacas o dinheiro com o qual deviam ter pagado os mantimentos adquiridos no Egito. É compreensível a trepidação dos irmãos diante do plano montado por José. Acabados os mantimentos, eles devem voltar ao Egito com Benjamim. O velho patriarca Jacó sente-se morrer sem a presença do caçula. Judá, então, compromete-se diante do pai: "Se eu não lhe trouxer de volta o menino, serei culpado para sempre". Assim descem novamente em busca de alimentos. José os recebe com cortesia, oferecendo-lhes um banquete. Quando retornam, ordena a um de seus empregados que devolva o dinheiro e esconda sua taça na saca de Benjamim.

Capítulos 44-45: "Quando talvez precisar de mim, cê sabe que a casa é sempre sua, venha sim. Olhos nos olhos, quero ver o que você diz, quero ver como suporta me ver tão feliz". Os irmãos retornam a seu país, mas logo são alcançados pelo servo de José, que os acusa de roubo. Sem conhecer as intenções de José, eles declaram: aquele que for encontrado com a taça se tornará escravo de José. Examinadas as sacas, a taça foi encontrada com Benjamim. Retornam todos a José, já cientes de que estão pagando pelo mal que lhe fizeram no passado. Judá, então, torna-se responsável pela vida do caçula, como prometera ao velho pai: está disposto a viver escravo no Egito, desde que o menino retorne para casa. A fraternidade aqui alcança seu grau máximo: o maior torna-se responsável pelo menor; o irmão está disposto a dar a vida pelo irmão. Então José se dá a conhecer. Imediatamente ordena que retornem a Canaã e tragam para o Egito o pai Jacó. Assim Israel passou a morar no Egito.

* * *

Os restantes capítulos (46-50) tratam da instalação de Israel no Egito, da política agrária de José, da bênção do patriarca a seus filhos e aos filhos de José (Efraim e Manassés), futuras tribos do povo de Deus. O último capítulo trata dos funerais de Jacó.

> Faça uma síntese daquilo que você aprendeu com esse breve estudo do Gênesis. Muitas coisas não foram aqui incluídas. O estudo da Bíblia é como a fome ou a sede: nunca estaremos saciados.

2
O livro do Êxodo

I. ANTES DE ABRIR O LIVRO

1. O título

O título deste livro vem da tradução grega chamada *Septuaginta* (Setenta ou LXX). Nessa tradução, o título é *Écsodos*, que significa *Saída*. Em hebraico, o título do livro é *Shemot*, que significa *Nomes*. De fato, o livro começa assim: "Estes são os nomes...".

É o segundo livro do *Pentateuco*, palavra grega que significa *Cinco* rolos: Gênesis, Êxodo, Levítico, Números e Deuteronômio. Os judeus chamam a este bloco de *Torá*, isto é, *Lei*.

> **Para memorizar**
> Memorize os livros do Pentateuco criando uma frase com suas iniciais. Exemplo: **GEL Não Deu**.

2. Do que trata o livro?

Em 40 capítulos, o livro do Êxodo narra a libertação dos hebreus da opressão no Egito. Sob a liderança de Moisés, conta-se a passagem do mar Vermelho, o dom do maná, a entrega dos Dez Mandamentos e suas leis complementares, a confecção da arca da aliança, as leis referentes à construção do santuário e a seus ministros, o episódio do bezerro de ouro, a construção do santuário etc.

Teste seus conhecimentos

A seguir apresentamos os episódios mais importantes do Êxodo. Teste seus conhecimentos acerca de cada um deles. Marque B quando você conhece bem; R para razoável; D quando desconhece.

( ) O Faraó manda matar os bebês hebreus

( ) As parteiras poupam os bebês

( ) Moisés salvo das águas

( ) Moisés mata um egípcio

( ) A sarça ardente

( ) Deus revela seu nome a Moisés

( ) Moisés faz milagres diante do Faraó

( ) As dez pragas do Egito

( ) O que aconteceu na noite da saída

( ) A passagem do Mar Vermelho

( ) O maná no deserto

( ) A água brotando da rocha

( ) Os Dez Mandamentos

( ) A Arca da Aliança

( ) O bezerro de ouro

( ) A intercessão de Moisés

Se você obteve 8 ou mais B, parabéns, pois já conhece bem o livro. Se obteve 8 ou mais R, você está bem encaminhado. Se na maioria dos episódios você marcou D, ânimo! Vamos entrar na aventura de conhecer o livro do Êxodo.

3. Falando de datas

No começo do livro (Êxodo 1,11), encontramos uma informação importante para situar os acontecimentos no tempo: "Eles impuseram a Israel capatazes de obras para tornar-lhe dura a vida com os trabalhos que exigiam dos israelitas. Foi assim que Israel construiu para o Faraó as cidades-armazéns de Pitom e de Ramsés". Os estudiosos situam esses acontecimentos por volta de 1250 antes de Jesus nascer.

Mas desde já devemos recordar um dado importante: ninguém dentre os hebreus sabia ler e escrever. Talvez Moisés tivesse sido alfabetizado. Como então esses fatos chegaram até nós? Por séculos foram mantidos vivos na memória oral do povo. Mais tarde apareceram por escrito. Sabe-se, porém, que, até o século X antes de Jesus nascer, Israel desconhecia as letras.

4. Cada um conta de seu jeito

Como dissemos, muitos episódios do Pentateuco foram conservados de modos diferentes de acordo com a região em que eram contados. Costuma-se falar de tradições.

A seguir, lendo a história da saída do Egito (Êxodo 13,17 a 14,31), encontramos três tradições de épocas e lugares diferentes, "costuradas" juntas. Siga estes passos:

1. Leia só o texto que não está sublinhado nem grifado. A história está truncada, mas é o modo como a *tradição eloísta* (do Norte) viu o acontecimento. Anote alguns detalhes: "saíram bem armados", "levaram embora os ossos de José", "Deus não é chamado de Javé" etc.

2. A seguir, leia só o texto sublinhado, que é a *tradição javista* (do Sul), e compare com a anterior. Veja as diferenças: "Deus é chamado de Javé", "os hebreus fugiram..."

3. Depois, leia só o texto grifado, que é a *tradição sacerdotal*, da época do exílio e pós-exílica (o exílio na Babilônia terminou no ano 538). Ela diz que os filhos de Israel saíram ostensivamente. Anote as diferenças.

4. Finalmente, leia o texto inteiro, para perceber com que habilidade foi "amarrado" e "costurado" cerca de 700 anos depois dos acontecimentos aí narrados.

^{13,17} Quando o Faraó deixou que o povo partisse, Deus não o conduziu pelo caminho da Palestina, que é o mais curto, porque Deus achou que, diante dos ataques, o povo se arrependeria e voltaria para o Egito. ^{18} Então Deus fez o povo dar uma volta pelo deserto até o mar Vermelho. Os filhos de Israel saíram do Egito bem armados. ^{19} Moisés levou junto os ossos de José, pois José havia feito os filhos de Israel jurar solenemente: "Quando Deus agir em favor de vocês, levem meus ossos daqui".
^{20} *Partiram de Sucot e acamparam em Etam, à beira do deserto.* ^{21} Javé ia na frente deles: de dia, numa coluna de nuvem, para guiá-los; de noite, numa coluna de fogo, para iluminá-los. Desse modo, podiam caminhar de dia e também de noite. $\underline{^{22}}$De dia, a coluna de nuvem não se afastava do povo, nem de noite a coluna de fogo.
^{14,1} *Javé disse a Moisés:* ^{2} *"Fale aos filhos de Israel que voltem e acampem em Piairot, entre Magdol e o mar, diante de Baal Sefon; aí vocês podem acampar, perto ao mar.* ^{3}*O Faraó vai imaginar que os filhos de Israel estão perdidos pelo país e que o deserto os bloqueou.* ^{4}*Eu endurecerei o coração do Faraó, que os perseguirá. Então vou mostrar a minha fama, derrotando o Faraó e todo o seu exército; e os egípcios saberão que eu sou Javé". E os filhos de Israel assim fizeram.*
$\underline{^5}$Então avisaram o rei do Egito que o povo tinha fugido. O Faraó e seus ministros mudaram de ideia acerca do povo e disseram: "O que fizemos? Deixamos partir nossos escravos israelitas!" ^{6}O Faraó mandou aprontar seu carro e levou consigo suas tropas: ^{7} seiscentos carros escolhidos e todos os carros

do Egito, com oficiais sobre todos eles. ⁸ *Javé endureceu o coração do Faraó, rei do Egito, e este perseguiu os filhos de Israel, que saíram ostensivamente.*

⁹ Perseguindo os filhos de Israel com todos os cavalos e carros do Faraó, os cavaleiros e o exército os alcançaram quando estavam acampados junto ao mar, em Piairot, diante de Baal Sefon. ¹⁰ Quando o Faraó chegou perto, os filhos de Israel levantaram os olhos e viram os egípcios avançando atrás deles. Apavorados, clamaram a Javé ¹¹e disseram a Moisés: "Acaso não havia túmulos lá no Egito? Você nos conduziu ao deserto para morrermos! Por que nos tratou assim, tirando-nos do Egito? ¹² Não é isso que nós dizíamos a você lá no Egito: 'Deixe-nos em paz, deixe-nos servir aos egípcios?' O que é melhor para nós? Servir aos egípcios ou morrer no deserto?" ¹³ Moisés respondeu ao povo: "Não tenham medo. Fiquem firmes e verão o que Javé fará hoje para salvar vocês. Nunca mais vocês verão os egípcios, como estão vendo hoje. ¹⁴ Javé combaterá por vocês. Podem ficar tranquilos".

¹⁵ *Javé disse a Moisés: "Por que você está clamando por mim? Diga aos filhos de Israel que marchem. ¹⁶ E você levante a vara, estenda a mão sobre o mar e divida-o pelo meio para que os filhos de Israel possam atravessá-lo a pé enxuto.*

¹⁷*Eu endureci o coração dos egípcios, para que eles persigam vocês. Assim eu mostrarei a minha fama, derrotando o Faraó e seu exército, com seus carros e cavaleiros. ¹⁸ Quando eu derrotar o Faraó com seus carros e cavaleiros, os egípcios ficarão sabendo que eu sou Javé".*

¹⁹O anjo de Deus, que ia na frente do exército de Israel, retirou-se para ficar na retaguarda. A coluna de nuvem se retirou da frente deles e se colocou atrás, ²⁰ ficando entre o acampamento dos egípcios e o acampamento de Israel. A nuvem se escureceu, e durante toda a noite a escuridão impediu que um se aproximasse do outro.

²¹ *Moisés estendeu a mão sobre o mar.* Javé fez o mar se retirar com um forte vento oriental, que soprou a noite inteira: o mar ficou seco e as águas se dividiram em duas. ²²*Os filhos de Israel entraram pelo mar a pé enxuto, e as* águas *formavam duas paredes, à direita e à esquerda.* ²³*Na perseguição,*

os egípcios entraram atrás deles com todos os cavalos do Faraó, seus carros e cavaleiros, e foram até o meio do mar. ²⁴De madrugada, Javé olhou da coluna de fogo e da nuvem, viu o acampamento dos egípcios e provocou uma confusão no acampamento. ²⁵Travou as rodas dos carros, fazendo-os andar com dificuldade. Então os egípcios disseram: "Vamos fugir de Israel, porque Javé combate a favor deles". ²⁶ Javé disse a Moisés: "Estenda a mão sobre o mar, e as águas se voltarão contra os egípcios, seus carros e cavaleiros". ²⁷ *Moisés estendeu a mão sobre o mar. E, de manhã, o mar voltou a seu leito.* Os egípcios, em fuga, foram ao encontro do mar, e Javé atirou-os no meio do mar. ²⁸*As águas voltaram, cobrindo os carros e os cavaleiros de todo o exército do Faraó, que haviam seguido os filhos de Israel no mar: nem um só deles escapou.* ²⁹*Os filhos de Israel, porém, passaram pelo meio do mar a pé enxuto, enquanto as águas se erguiam em forma de paredes, à direita e à esquerda.* ³⁰ Nesse dia Javé salvou Israel das mãos dos egípcios, e Israel viu os cadáveres dos egípcios na praia. ³¹ Israel viu com que mão poderosa Javé agiu contra o Egito. Então o povo temeu a Javé e acreditou nele e em seu servo Moisés.

5. O que realmente eram as pragas do Egito?

Na base, eram fenômenos naturais ampliados quer pela distância no tempo, quer porque são atribuídos à ação maravilhosa e vitoriosa de Javé sobre os deuses do Egito. Alguns desses sinais eram coisa rara no Egito (como o granizo); outros eram conhecidos no Egito, mas desconhecidos na Palestina (como as algas vermelhas no rio Nilo, as rãs, o vento siroco negro); outros são conhecidos nos dois lugares (como a invasão dos gafanhotos). Deve-se ter presente que somente muito mais tarde esses acontecimentos passaram da memória oral ao texto escrito. Mas o decisivo, aqui, é sentir como o braço forte de Javé vai vencendo os deuses do Egito. Veja Salmo 105,27-36.

O livro do Êxodo

Exercício

Abra sua Bíblia a partir de Êxodo 7,14 e associe as pragas.

1ª praga (7,14-25)	①	○ Rãs
2ª praga (7,26-8,11)	②	○ Gafanhotos
3ª praga (8,12-15)	③	○ Granizo
4ª praga (8,16-28)	④	① A água transformada em sangue
5ª praga (9,1-7)	⑤	○ A morte dos primogênitos
6ª praga (9,8-12)	⑥	○ As trevas
7ª praga (9,13-35)	⑦	○ Mosquitos
8ª praga (10,1-20)	⑧	○ A peste dos animais
9ª praga (10,21-29)	⑨	○ As chagas (úlceras)
10ª praga (12,29-34)	⑩	○ Moscas

Respostas: 2; 8; 7; 1; 10; 9; 3; 5; 6; 4.

6. É Deus quem endurece o coração do Faraó?

O texto diz que sim. Às vezes, diz-se que o Faraó endureceu o coração, isto é, continuou obstinado, teimoso, sem ceder. Aliás, a expressão é muito frequente no começo do

Êxodo e aparece nas nove primeiras pragas: 4,21; 7,3.13.14.22; 8,11.15.28; 9,7.12.34.35; 10,1.20.27; 11,10; 14,4.8. Alguém então poderá perguntar: se é Deus quem lhe endurece o coração, que culpa tem o Faraó? As pragas, longe de "amolecer" a consciência do Faraó, tornam-no mais teimoso e insensível. Deus inclui essa ação no processo total e, nesse sentido, provoca-a. A sequência lógica é esta: o Faraó está decidido a não deixar os hebreus partirem; Javé envia, então, uma praga; o Faraó resiste mais ainda, como se tivesse sido o próprio Javé a provocar essa resistência mediante a praga.

7. Qual o nome de Deus revelado a Moisés: Jeová ou Javé?

No livro do Êxodo, há um trecho muito importante a respeito desse tema, ou seja, a revelação do nome de Deus: "Moisés disse a Deus: 'Tudo bem, eu vou me apresentar aos israelitas e lhes direi: o Deus dos antepassados de vocês enviou-me a vocês. Porém, se eles me perguntarem: qual é o nome dele?, o que devo responder?' Deus respondeu a Moisés: 'Eu sou aquele que sou. Você responderá aos israelitas: EU SOU me enviou a vocês'. E continuou: 'Você dirá aos israelitas: o Senhor, Deus dos antepassados de vocês, o Deus de Abraão, o Deus de Isaac, o Deus de Jacó, enviou-me a vocês. Esse é meu nome para sempre, essa é a minha memória para todos os séculos'".

EU SOU é tradução portuguesa da palavra hebraica *Yhwh*, de onde tiramos "Javé", o verdadeiro nome de Deus no Antigo Testamento. Todavia, por que algumas Bíblias, em lugar de Javé (ou *Yahweh*), colocam Jeová? A resposta é esta: Antigamente, o hebraico bíblico não tinha vogais, e o nome divino se escrevia *Yhwh*, as quatro letras sagradas. Mais tarde, para facilitar a leitura, acrescentaram-se as vogais, que são sinais colocados debaixo, ao lado ou acima das consoantes. As Bíblias que trazem Jeová misturaram as consoantes de YHWH com as vogais de **A**d**o**n**a**y (palavra que significa Senhor e que na leitura substitui o nome de Javé). A mistura acarretou algumas mudanças: o **y** tornou-se **j**; o **a** tornou-se **e**, formando "Je". O **h** desapareceu e, anexando a letra **o**, temos "Jeo". O **w** tornou-se **v**, e acrescentou-se o **a**, eliminando o **h** final: Jeová.

Algumas Bíblias substituem *Yahweh* por Senhor. Ainda hoje, os judeus não pronunciam o nome de Deus. Em lugar de *Yahweh* dizem simplesmente "O NOME".

8. O que foi de fato a passagem do mar Vermelho?

A passagem do mar Vermelho se encontra no capítulo 14 do Êxodo. Não é fácil reconstruir o caminho percorrido pelos israelitas que fugiram da opressão do Faraó. Os estudos mais recentes demonstram que os israelitas não atravessaram o mar Vermelho propriamente dito, mas o "mar dos Juncos", que não é a mesma coisa. Êxodo 14,21 afirma que "Javé, por um forte vento oriental que soprou toda aquela noite, fez o mar se retirar. Este se tornou terra seca, e as águas foram divididas". Para os estudiosos, isso poderia significar uma maré baixa que permitiu a passagem aos israelitas. O retorno das águas a seu leito normal teria surpreendido os egípcios com seus carros, afogando-os.

Outra hipótese, apoiada na primeira, é a seguinte: a maré baixa deixou descobertos bancos de areia, e os israelitas atravessaram o mar caminhando sobre esses bancos, ao passo que os cavalos e carros do Egito atolaram na areia.

Outra hipótese supõe que os egípcios perseguiram os israelitas em barcos. Uma tempestade violenta teria adernado os barcos, afogando os egípcios.

É importante, acima de tudo, recordar que os hebreus conservaram esses fatos como parte importante de sua história, cujos autores principais são Javé e seu povo, pois eles acreditavam profundamente no Deus, que escuta o clamor do povo que sofre e o liberta da opressão.

II. OLHANDO O LIVRO DE PERTO

Os quarenta capítulos do Êxodo podem ser divididos em três etapas: no Egito, saindo do Egito, no deserto. O livro é continuação do anterior (Gênesis) e termina no deserto, deixando aberto o espaço para os livros que vêm a seguir: Levítico, Números e Deuteronômio.

1. No Egito (1,1 a 13,16): opressão

A primeira etapa situa-se no Egito, tempos após a morte de José. Israel se encontra aí (final do livro de Gênesis) e acaba submetido à opressão. A situação dos hebreus é dramática, pois além de ter a vida amargurada com duros trabalhos, uma ordem do Faraó decreta a morte de todo bebê hebreu do sexo masculino.

Nasce Moisés, o futuro líder da libertação, e nasce marcado para morrer. Sua mãe o oculta por três meses e, a seguir, esconde-o num cesto de papiro, depositando-o entre os juncos, à beira do rio. A sorte está do lado de Moisés, pois a filha do Faraó o encontra, adota-o e o educa no palácio.

> **Atenção às mulheres**
> Em meio à crueldade dos inícios do Êxodo – caracterizada pela opressão e decreto de morte por parte de homens –, é bom notar a ação das mulheres como contraposição à crueldade masculina: as parteiras dos hebreus não têm coragem de matar os meninos; a mãe de Moisés o esconde; a irmã do menino observa de longe os acontecimentos; a filha do Faraó (e suas criadas) salva Moisés das águas, e ele é adotado como se fosse filho seu.

Crescido, Moisés não perde a consciência de ser parte de um povo oprimido, apesar de ter sido educado no palácio do rei. Mata um egípcio que maltrata um hebreu e tenta apaziguar dois hebreus que brigam. Com medo de ser punido por causa do assassinato, foge para Madiã, onde se casa com Séfora e se torna pastor do rebanho de seu sogro.

Apascentando o rebanho de seu sogro Jetro, chega ao monte Horeb, onde faz a experiência de Javé, o Deus dos antepassados, que escuta o clamor dos hebreus oprimidos e decide libertá-los com a mediação de Moisés, a fim de conduzi-los para a terra prometida aos seus antepassados.

Moisés resiste o mais que pode, mas, por fim, aceita apresentar-se aos hebreus no Egito, auxiliado por seu irmão Aarão. Juntos descem ao Egito e têm sucessivos encontros infrutíferos com o Faraó.

> **Textos difíceis**
> Na Bíblia há uma série de textos de difícil compreensão, sobre os quais os estudiosos se debruçam sem encontrar explicação satisfatória. Um deles está em Êxodo 4,24-26, que diz: "Aconteceu que no caminho, numa hospedaria, Javé foi ao encontro de Moisés e tentava matá-lo. Séfora pegou uma pedra afiada, cortou o prepúcio de seu filho, feriu-lhe os pés, e disse: 'Você é para mim um esposo de sangue'. Então, ele o deixou. Pois ela havia dito 'esposo de sangue', o que se aplica às circuncisões".

Diante das contínuas resistências do Faraó em deixar os hebreus partirem, o Egito é atingido pelas "pragas". É uma queda de braço entre Javé e o Faraó, entre o Deus, que liberta, e os ídolos, que escravizam. A décima praga pode ser vista como resposta ao decreto que ordenava matar os meninos hebreus assim que nascessem: é a morte de todos os primogênitos do Egito.

Na última noite antes da partida, os hebreus celebram a festa da Páscoa (palavra que significa "passagem"). A Páscoa era uma festa muito antiga, ligada à vida dos pastores. Na passagem de uma pastagem para outra, costumavam matar um cordeiro e, com seu sangue, tingir as portas das casas e as entradas dos currais. Séculos depois, essa festa passou a simbolizar a passagem da escravidão à liberdade. Foi associada a outra festa, a dos Pães sem fermento, que era uma festa antiga, ligada à agricultura: antes de comer o fruto da nova colheita, fazia-se desaparecer tudo o que pertencia à colheita anterior.

Séculos depois, quando esses textos foram escritos, projetaram essas duas festas do passado, como se tivessem sido criadas pelos hebreus na noite que saíram do Egito.

Ressarcimento e números exagerados

Êxodo 12,35-37 traz duas notícias interessantes. A primeira fala da espoliação dos egípcios: antes de partir, seguindo a ordem de Moisés, os israelitas pediram aos egípcios objetos de prata, de ouro e roupas e acabaram despojando o Egito.

A segunda mostra como, às vezes, os números na Bíblia são exagerados. Diz-se que os que partiram do Egito eram seiscentos mil homens a pé, sem contar suas famílias. Se os puséssemos em filas de dois, formaríamos um cordão humano que vai do Egito ao norte da Palestina.

Teste seus conhecimentos da primeira etapa, associando o que vem a seguir:

Javé ❶	○	Cidade-armazém construída pelos hebreus
Jetro ❷	○	Morte dos primogênitos egípcios
Horeb ❸	○	Descendentes de Abraão oprimidos no Egito
Séfora ❹	○	Mulheres hebreias que pouparam os bebês hebreus
Aarão ❺	○	Número exagerado de homens que saíram do Egito

Páscoa ⑥	○	Rei do Egito
Moisés ⑦	①	Nome de Deus revelado a Moisés
Pitom ⑧	○	Irmão de Moisés
Faraó ⑨	○	Montanha onde Javé apareceu a Moisés
Parteiras ⑩	○	Sogro de Moisés
Hebreus ⑪	○	Antiga festa de pastores
Pragas ⑫	○	Esposa de Moisés
600.000 ⑬	○	Sinais/castigos enviados por Javé ao Egito
Ouro ⑭	○	Líder da libertação dos hebreus
10ª praga ⑮	○	Metal que os hebreus tomaram dos egípcios

Respostas: 8; 15; 11; 10; 13; 9; 1; 5; 3; 2; 6; 4; 12; 7; 14.

2. A saída e a travessia do mar Vermelho (13,17 a 15,21): liberdade

A segunda etapa começa com a saída do Egito e termina com o canto de vitória após a passagem do mar Vermelho. É a vitória da liberdade e a derrota da opressão. Como vimos acima, esse acontecimento extraordinário era contado de modos diferentes segundo o lugar e a época. Em cada um deles não falta a presença e a ação do Deus, que ouve o clamor e conduz o povo para fora da opressão.

O capítulo 15 (versículos 1 a 21) é um dos poemas mais importantes do Antigo Testamento, pois celebra o fim de um tempo de opressão e o nascimento de um povo livre que constrói a própria história.

Abra sua Bíblia em Êxodo 15 e associe as partes dos versículos:

15,1: "Cantarei a Javé, ❶ — ○ hábil em maravilhas?"

ele lançou ao mar ❷ — ○ o mar dos Juncos devorou"

15,4: "Os carros do Faraó ❸ — ○ porque se vestiu de glória;

a elite de seus cavaleiros ❹ — ○ o cavalo e o cavaleiro".

15,11: "Quem é igual a ti, Javé, ❺ — ○ cavalo e cavaleiro!"

Quem é igual a ti, ❻ — ○ ao mar ele lançou;

Terrível nas façanhas, ❼ — ❶ pois de glória se vestiu;

15,21: "Cantem a Javé, ❽ — ○ entre os deuses?

Ele jogou no mar ❾ — ○ ilustre santidade?

Respostas: 7; 4; 8; 2; 9; 3; 1; 5; 6.

> **Para rezar**
> Vários salmos celebram a grande maravilha que foi a travessia do mar Vermelho. Sugerimos que você reze como rezaram muitos judeus ao longo dos séculos: Salmos 114 e 136.

3. No deserto (15,22-40): aprendendo a ser livres

A terceira etapa situa-se no deserto, ponto intermediário entre a opressão, a liberdade e a vida na Terra Prometida aos antepassados. O deserto não é o ponto final da caminhada, mas apenas uma etapa.

É tempo de aprendizado. A grande tentação dos hebreus, que aparece mais de uma vez, é retornar ao Egito, a terra da opressão, com a desculpa de que lá não faltava comida. É a tentação de trocar, no presente, a liberdade futura pelo passado de opressão, pois seria melhor viver oprimidos, mas de barriga cheia, do que suportar a precariedade do momento em vista de uma liberdade plena no futuro.

Surgem assim os problemas próprios da vida precária no deserto: falta de água e de comida. Javé providencia ao povo o maná, e os hebreus precisam aprender a superação da ganância e da concentração: quem recolhia maná em excesso, o excedente apodrecia; quem recolhia menos do necessário, não lhe faltava o suficiente.

Além da precariedade assinalada, os hebreus enfrentaram um inimigo terrível, os amalecitas, vencidos pela oração de Moisés e pela liderança militar de Josué.

O ponto central da etapa no deserto é a aliança no Sinai e a entrega dos Dez Mandamentos. Estes são a constituição do povo de Deus, para construir na terra da promessa um arranjo social totalmente diferente da sociedade injusta e opressora que havia no Egito.

Como consequência da aliança, o livro do Êxodo narra a construção da arca, que conservará o documento (as duas tábuas da Lei), as normas de como construir o santuário e as orientações para seus ministros. Com o episódio do bezerro de ouro, a aliança é rompida e tem de ser renovada. Os últimos capítulos do livro tratam da construção do santuário.

> **Ídolos**
>
> O episódio do bezerro de ouro levanta a questão dos ídolos. O que é um ídolo? Basicamente, trata-se de algo ou alguém que toma o lugar de Deus e o substitui. Esse critério é determinante na distinção entre aquilo que é ídolo e aquilo que não é. Exemplo: um santo é um ídolo? Ele tira Deus de seu lugar e o substitui? Do episódio do bezerro de ouro podemos aprender outra coisa: Javé, o Deus da aliança, não era visível, porque o fato de vê-lo ou representá-lo era o mesmo que diminuí-lo ou manipulá-lo. Nesse sentido, todos corremos este risco: transformar Deus num ídolo.

3
O livro do Levítico

I. ANTES DE ABRIR O LIVRO

1. O título

Como nos demais livros do Pentateuco, o Levítico recebe em hebraico o nome que aparece como primeira palavra. E a primeira palavra desse livro em hebraico é *Vaiqrá*, que significa "Chamou". O nome "Levítico" é tirado da tradução grega chamada LXX (Setenta ou Septuaginta). Aí se encontra o título *Leuitikon*, de onde vem para nós "Levítico".

É o terceiro livro do Pentateuco (palavra derivada do grego e que significa "Cinco livros" ou rolos, ou tomos). Para os judeus, esses cinco livros constituem a Torá (Lei).

> **Você quer memorizar?**
> Se você deseja memorizar os livros do Pentateuco, faça o seguinte: Crie uma expressão com a letra inicial de cada livro. Exemplo: Gênesis, Êxodo, Levítico, Números, Deuteronômio. Assim: **GEL NaDa**.

2. Qual o assunto do livro?

O terceiro livro do Pentateuco é o mais curto de todos. Tem apenas 27 capítulos. O título "Levítico" nos remete logo à tribo de Levi, que era a tribo sacerdotal. Portanto, o assunto do livro são leis referentes ao sacerdócio e ao culto centralizado em Jerusalém.

Mas, evidentemente, o livro não fala do Templo, pelas razões que veremos em seguida. Aí encontramos leis referentes aos sacrifícios (capítulos 1 a 7); leis que dizem respeito aos sacerdotes (capítulos 8 a 10); leis que se referem à pureza e à impureza (capítulos 11 a 16). A parte mais interessante é chamada de Código da Santidade (capítulos 17 a 26). O livro termina com leis referentes ao resgate (capítulo 27).

O livro do Levítico é, sem dúvida, o mais desconhecido e o menos lido dentre os livros do Pentateuco e talvez de todo o Antigo Testamento. Alguns o consideram enfadonho e cansativo; outros o veem como livro totalmente superado graças à ação inovadora de Jesus, que, de fato, aboliu muitas de suas prescrições.

Todavia, há coisas interessantes nesse livro e que vale a pena conhecer. Nem tudo o que está no Levítico é coisa ultrapassada. Além disso, é material importante para perceber como o povo de Deus da primeira aliança se organizou em determinado período de sua história.

3. Quando foi escrito?

O livro situa os acontecimentos no deserto, após a saída da opressão no Egito. É a etapa intermediária entre a opressão egípcia e a posse da Terra Prometida. Isso teria acontecido por volta do ano 1250 antes de Jesus nascer (veja, nesta coleção, "O livro do Êxodo").

Mas, na verdade, o Levítico surgiu vários séculos mais tarde. Começou a formar-se durante o exílio na Babilônia e no período posterior a este. Temos, pois, cerca de 800 anos entre a estada dos hebreus no deserto e o surgimento do livro do Levítico. Depois que o cativeiro na Babilônia terminou, a Judeia começou a ser governada por sacerdotes. É o tempo da dominação persa (que começou em 538 e terminou em 333 antes de Cristo). Aí pela metade dessa dominação, durante o século V, é que esse livro foi acabado.

Os persas mantiveram os judeus política e economicamente dependentes, permitindo que se organizassem apenas do ponto de vista religioso. É nesse período que surge o Judaísmo, construído sobre três pilares: a Lei, o Templo e a Raça. Não há mais profetas, e quem dirige o povo são os sacerdotes, concentrados em torno do Templo de Jerusalém. Sem ser nomeado, o Templo com seus sacerdotes, leis e sacrifícios são a sombra do Levítico.

O recurso ao passado é muito interessante, pois o conteúdo do livro aparece com o aval do grande legislador (Moisés) e do grande sacerdote (Aarão), seu irmão. E tudo isso vindo de Javé.

A questão da raça também ocupa lugar destacado no livro em questão. De fato, ele pretende conservar a identidade de Israel, tornando-o um povo diferente no pensamento e nas atitudes, um povo consagrado a Javé e que procura ser santo como Deus é santo.

> **Você já viu?**
> Provavelmente, você já deve ter visto (pessoalmente, em algum filme, na TV) um judeu ortodoxo. Ele se veste de preto (roupas e chapéu) e traz duas tranças de cabelo pendentes, como se fossem longas costeletas. Você sabe de onde vem isso? É uma norma de Levítico 19,27, que ordena não cortar a cabeleira em redondo, nem aparar a barba. O versículo soa mais ou menos assim: "Não cortem a cabeleira na altura das têmporas, e não aparem as extremidades da barba". Qual a razão desse costume? Provavelmente, cortar a cabeleira em redondo e aparar a barba eram ritos fúnebres dos povos vizinhos a Israel, ou talvez ritos relacionados com deuses infernais em outras culturas. Sendo um povo com identidade própria, o Levítico proíbe tais práticas pagãs.

Teste seus conhecimentos desta primeira parte, assinalando verdadeiro (V) ou falso (F).

1. O título do Levítico vem do hebraico. ( )
2. O Levítico foi escrito por Moisés. ( )
3. O livro foi escrito no tempo do rei Davi. ( )
4. Levítico é o terceiro livro da Torá dos judeus. ( )
5. Os persas não permitiam que os judeus se organizassem do ponto de vista político. ( )
6. Um dos pilares do Judaísmo era a raça. ( )
7. O Templo de Jerusalém, apesar de não ser citado no Levítico, está por detrás do livro. ( )
8. O Levítico não se importa que os judeus copiem costumes de povos pagãos vizinhos. ( )
9. Moisés representa a Lei, e Aarão representa o sacerdócio. ( )
10. O Levítico é o livro mais curto do Pentateuco. ( )

Respostas: 1. F; 2. F; 3. F; 4. V; 5. V; 6. V; 7. V; 8. F; 9. V; 10. V. Se você fez 8 pontos ou mais, passe para a segunda parte. Se não, busque a resposta certa para as questões que você errou.

II. OLHANDO O LIVRO DE PERTO

1. Os sacrifícios (capítulos de 1 a 7)

Os sete primeiros capítulos do Levítico são dedicados ao ritual dos sacrifícios. Essas normas se apresentam como sendo determinadas por Javé por meio de Moisés, o legislador. Na verdade, são normas referentes à situação do povo judeu depois do exílio na Babilônia, quando ele se organizou do ponto de vista religioso, tendo o Templo como centro de unidade.

Sacrifícios vários
Os sacrifícios no Antigo Testamento são muitos e recebem vários nomes. No Levítico, estes são os principais:

Nome	Matéria	Modalidade
Holocausto (1,3-17)	Boi/cordeiro/cabrito/ aves (rola/pombo)	Totalmente queimado sobre o altar
Oblação (2,1-16)	Produtos do solo	Parte queimada, parte aos sacerdotes
De comunhão (3,1-17)	Boi; carneiro/cabra	Parte queimada, parte aos sacerdotes e ofertantes
Pelo pecado 4,1-5,13; 6,17-23)	Animais	Parte queimada sobre o altar, parte queimada fora do acampamento
Reparação (5,14-26; 7,1-6)	Carneiro	Parte queimada, parte aos sacerdotes. Restituição.

2. Os sacerdotes (capítulos de 8 a 10)

Os capítulos de 8 a 10 são dedicados à investidura dos sacerdotes. Mostram como Aarão e seus filhos (isto é, o sumo sacerdote e os demais sacerdotes depois do exílio na Babilônia) eram consagrados (capítulo 8), como entravam em função (capítulo 9) e o caso de dois filhos de Aarão (Nadab e Abiú), que transgrediram as prescrições dadas, foram devorados por uma chama, saída do altar, e morreram.

O episódio, evidentemente, faz pensar nas irregularidades de alguns sacerdotes do tempo em que foi escrito o Levítico e as quais foram duramente denunciadas pelo profeta Malaquias (1,6-2,9).

A morte dos dois sacerdotes transgressores serviu para que se introduzissem leis complementares (capítulo 10).

3. Pureza e impureza (capítulos de 11 a 16)

Os capítulos de 11 a 16 formam um conjunto que costumamos chamar de "Lei da pureza" e estão unidos ao conjunto de capítulos seguintes, conhecidos como "Código da Santidade" (17 a 26). Começa com uma lista de animais puros e impuros, isto é, animais que podem ou não servir de alimento para o povo de Israel. Como regra geral, animais puros são os aptos para serem oferecidos a Deus; os impuros, ao contrário, são aqueles que os povos vizinhos e pagãos consideram sagrados. Outro critério é, dentro da cultura do tempo e do lugar, considerar como impróprios para o culto e para a alimentação humana os animais de aspecto nojento. É disso que trata o capítulo 11, classificando os animais em terrestres, aquáticos e aves.

Pode ou não pode?
O capítulo 11 apresenta uma série de animais que podiam ou não ser comidos. Avalie você mesmo se um animal era puro (P) ou impuro (I).

Habitat	Critério para comer ou não comer	Animal	Avaliação
Terra	Tem casco fendido e rumina:	Porco	( )
Água	Tem barbatanas e escamas:	Sardinha	( )
Ar	Voa/salta e não come carniça:	Gavião	( )
Terra	Tem casco fendido e rumina:	Cabrito	( )
Água	Tem barbatanas e escamas:	Tilápia	( )
Ar	Voa/salta e come carniça:	Urubu	( )

Respostas: Porco (I); Sardinha (P); Gavião (I); Cabrito (P); Tilápia (P); Urubu (I)

O capítulo 12 tem como tema a purificação da mulher após o parto. Na cultura daquele povo, o parto e outros fenômenos físicos (menstruação para a mulher e ejaculação para o homem) eram vistos como perda da vitalidade. Os sacrifícios de purificação e seus ritos serviam para restabelecer a integridade da pessoa, refazendo sua união com Deus, origem e fonte da vida.

Os capítulos 13 e 14 têm como tema a lepra. Na verdade, para a cultura daquele tempo, toda anomalia da pele era considerada caso de lepra, inclusive o mofo das roupas. Os sacerdotes funcionavam como clínicos gerais, encarregados de avaliar cada caso. As pessoas declaradas portadoras de lepra deviam ser excluídas do contato humano, a fim de evitar o contágio. E os objetos "leprosos" eram destruídos pelo fogo.

Eram medidas profiláticas, pois a santidade do povo comportava também o campo da saúde. Deus, o Santo por excelência, queria que seu povo fosse igualmente santo, e isso contemplava também a saúde do corpo, não somente do espírito. Esse detalhe é significativo quando descobrimos que boa parte da humanidade está doente. Com o passar do tempo, porém, aquilo que era medida preventiva (o afastamento do portador de lepra) tornou-se símbolo da mais cruel exclusão. Daí a ação de Jesus em favor dos leprosos e doentes de modo geral.

O capítulo 15 trata de impurezas sexuais do homem e da mulher. Visto que tudo o que se refere à fecundidade e à reprodução humana tem sentido misterioso e sagrado, também a sexualidade faz parte da santidade inteira da pessoa. Os ritos de purificação tinham caráter positivo, ou seja, eram a forma de a pessoa reatar sua relação com o Deus totalmente puro e santo. Com o passar do tempo, também essas normas reforçaram a ideia de um Deus distante e aborrecido com as contínuas impurezas humanas, um Deus que precisa ser aplacado mediante ritos de purificação.

Encerrando a unidade da pureza e da impureza, o capítulo 16 condensa normas acerca do grande Dia das Expiações.

4. O Código de Santidade (capítulos de 17 a 26)

É a parte mais importante do livro. Algumas expressões ajudam a entender essa unidade (e em parte todo o livro) em seu conjunto. São elas:

1. "Sejam santos, porque eu, Javé, o Deus de vocês, sou santo": (11,43; 11,45); 19,2; 20,7; 20,26.
2. "Eu sou Javé": 18,2; 18,4; 18,5; 18,6; 18,21; 18,30; 19,3; 19,4; 19,10; 19,12; 19,14; 19,16; 19,18; 19,25; 19,28; 19,30; 19,31 19,32; 19,34; 19,36; 19,37; 20,7; 20,8; 20,24; 20,26; 21,8; 21,12; 21,15; 21,22; 22,2; 22,3; 22,9; 22,16; 22,30; 22,31; 22,32; 22,33; 25,17; 25,33; 25,55; 26,1; 26,2; 26,13; 26,44; 26,45.
3. Às vezes, a expressão "Eu sou Javé" é acompanhada de um complemento ou especificação: "Eu sou Javé, aquele que santifica": 20,8; 21,15; 21,23; 22,9; 22,16; 22,32; "Eu sou Javé, aquele que tirou vocês do Egito": 23,43; "Eu sou Javé, que separei vocês": 20,26.

Essas expressões são como fios coloridos que fornecem sentido ao livro inteiro e estão sempre associadas ao nome de Deus (Javé), revelado a Moisés (veja, nesta coleção, "O livro do Êxodo"). No Levítico, o nome "Javé" comparece 311 vezes!

A tarefa de Israel, sua vocação, é ser santo porque seu libertador e aliado é santo. Criado à imagem e semelhança de Deus, o ser humano (não somente os membros de Israel) é reflexo da santidade de Deus, espelho no qual o Deus santo se vê e se contempla.

Quando busca a santidade, Israel encontra a si mesmo e forja a própria identidade: ser reflexo do Deus santo. A expressão "Eu sou Javé", que pontilha todo o Código de Santidade, pede respeito. E Israel expressa esse respeito no esforço de ser santo como seu Deus.

Javé é o agente santificador de Israel, e o faz mediante as normas contidas no Código de Santidade. Foi para isso que o tirou do Egito e o separou, consagrando-o para essa missão. A vida de Israel é, pois, marcada por lugares, épocas, pessoas, objetos que exprimem essa santidade. O Egito e os povos vizinhos com seus ídolos e práticas são a expressão viva daquilo que não é santidade. O cerne da religião é este: que o fiel seja o máximo possível semelhante à divindade. Por isso as religiões dos pagãos devem ser evitadas a qualquer custo, na visão do Código de Santidade.

Ele se inicia (capítulo 17) pedindo respeito à vida, expresso no cuidado para com o sangue. A vida é sagrada e pertence a Deus. Por isso, toda matança se reveste de sentido ritual: "Os filhos de Israel devem levar ao sacerdote as vítimas que matam no campo e devem oferecê-las a Javé como sacrifício de comunhão na entrada da tenda da reunião (17,5)".

O capítulo 18 apresenta a sexualidade, fonte da vida, como algo sagrado e expressão importante de santidade: "Vocês não devem se comportar como se faz na terra do Egito, onde vocês habitaram, nem como as pessoas se comportam na terra de Canaã, para onde estou levando vocês; não sigam os estatutos deles" (18,3), "... pois todas essas coisas detestáveis foram praticadas por aqueles que habitaram nesta terra antes de vocês, e a terra ficou impura" (18,27).

O centro do Código de Santidade está no capítulo 19, e é este: "Cada um de vocês respeite sua mãe e seu pai" (19,3). "... Ninguém roube, nem seja falso, nem engane ninguém de seu povo. Não jure falsamente pelo meu nome, porque você estaria profanando o nome de seu Deus. Eu sou Javé. Não oprima seu próximo, nem o explore, e que o salário do trabalhador não fique com você até o dia seguinte. Não amaldiçoe o mudo, nem coloque obstáculos diante do cego: tema seu Deus. Eu sou Javé" (19,11-14). "Não seja injusto no tribunal. Não seja parcial para favorecer o pobre ou para agradar ao rico: julgue com justiça ... Não faça fofocas, nem levante falso testemunho contra a vida de seu próximo. Eu sou Javé. Não guarde ódio contra seu irmão. Repreenda abertamente seu concidadão, e assim você não carregará o pecado dele. Não seja vingativo, nem guarde rancor contra seus concidadãos. Ame seu próximo como a si mesmo. Eu sou Javé" (versículos de 15 a 18).

> **Um jeito diferente de fazer as coisas**
> Os povos vizinhos de Israel não ceifavam às margens dos roçados como sinal de respeito para com os deuses responsáveis pela fertilidade e fecundidade do solo. Veja como Israel transformou radicalmente esse costume: "Quando vocês fizerem a colheita da lavoura em seus roçados, não colham até o limite da plantação; não voltem para recolher o trigo que ficou para trás, nem os cachos de uva que ficaram para trás; também não ajuntem a uva que caiu no chão: deixem tudo isso para o pobre e o imigrante. Eu sou Javé, o Deus de vocês" (19,9-10).

Nos capítulos de 20 a 22 encontramos estes temas: faltas no âmbito do culto – sacrifício de filhos em honra dos ídolos (20,1-7), castigos pelo abuso sexual (20,8-21), castigos contra a violação familiar (20,22-37), santidade dos sacerdotes, do sumo sacerdote e impedimentos ao sacerdócio (capítulo 21); a santidade na participação das ofertas sagradas (capítulo 22).

> **Festas e mais festas**
> O capítulo 23 é dedicado às festas.
>
> | Festa | Origem | Duração |
> |---|---|---|
> | Sábado (23,3) | Gênesis 2,1-3 | Um dia |
> | Páscoa (23,5) | Pastoril | Uma semana |
> | Ázimos (23,6-8) | Agrícola | Uma semana |
> | 1º feixe (23,9-14) | Agrícola | Um dia |
> | Semanas (23,15-22) | Agrícola | Um dia |
> | Lua Nova (23,23-25) | 7º mês | Um dia |
> | Expiação (23,26-32) | Levítico 16 | Um dia |
> | Tendas (23,33-43) | Agrícola | Uma semana |

No capítulo 24 há outras normas referentes ao culto: o ritual das lâmpadas e dos pães (24,1-9) e as que dizem respeito à lei do talião (olho por olho, dente por dente). O capítulo 25 é dedicado ao ano sabático (a cada sete anos) e ao ano

O livro do Levítico

jubilar (a cada sete semanas de anos), com as leis que tratam do resgate das propriedades e do resgate das pessoas.

O Código da Santidade termina com uma série de bênçãos e maldições (capítulo 26): bênçãos se o povo for fiel a Javé, observando seus estatutos e mandamentos; maldições se não os praticar. Relacione, a seguir, os opostos:

Bênçãos		Maldições
Chuvas no tempo certo	**1**	◯ Javé semeará na terra o terror
Terra produzindo	**2**	◯ Javé se voltará contra o povo
Comer até fartar-se	**3**	◯ O povo será derrotado pelos inimigos
Paz na terra, sem perturbações	**4**	◯ Irá faltar pão no país
A espada não passará pela terra	**5**	**1** Seca: céu como ferro, terra como bronze
Os inimigos serão perseguidos e vencidos	**6**	◯ De aliado, Javé passará a ser inimigo
O povo crescerá e se multiplicará	**7**	◯ Javé semeará a fome no país
Javé confirmará sua aliança com o povo	**8**	◯ Inútil semear, a terra não produzirá
Alimentos de sobra, até para jogar fora	**9**	◯ Feras e espada invadirão o país
Javé habitará com o povo, sem rejeitá-lo	**10**	◯ O povo será eliminado

Respostas: 4; 8; 6; 3; 1; 10; 9; 2; 5; 7.

5. O resgate (capítulo 27)

O capítulo 27 é um apêndice que trata das regras para o cumprimento de votos (consagração a Javé) e o valor correspondente caso houvesse resgate. Consagravam-se pessoas (27,1-8), animais (27,9-13), casas (27,14-15), terras (27,16-25), primogênitos (27,26-27), coisas votadas ao extermínio (27,28-29) e dízimos (27,30-33). A seguir, o caso das pessoas.

O consagrado	Idade	Preço do resgate
Homem	Entre 20 e 60 anos	Meio quilo de prata
Mulher	Entre 20 e 60 anos	300 gramas de prata
Homem	Entre 5 e 20 anos	200 gramas de prata
Mulher	Entre 5 e 20 anos	100 gramas de prata
Homem	Entre 1 mês e 5 anos	50 gramas de prata
Mulher	Entre 1 mês e 5 anos	30 gramas de prata
Homem	Acima de 60 anos	150 gramas de prata
Mulher	Acima de 60 anos	100 gramas de prata

4
O livro dos Números

I. ANTES DE ABRIR O LIVRO

1. Conversando sobre o livro

De onde vem esse título estranho?

Como acontece com os demais livros do Pentateuco, o título é tirado da palavra inicial. Em hebraico, essa palavra é *Bamidbar*, que significa "No deserto". A tradução grega, chamada Setenta (LXX ou Septuaginta), deu a esse livro o título *Arithmoi*, que significa "Números". A tradução latina traz "Numeri" (Números). É o quarto livro do Pentateuco (palavra grega que significa "Cinco livros"). Os judeus dão a esse conjunto de livros o título "Torá" (Lei).

> **Você quer memorizar?**
> Se você deseja memorizar os livros do Pentateuco, faça o seguinte: crie uma expressão com a letra inicial de cada livro. Exemplo: Gênesis, Êxodo, Levítico, Números, Deuteronômio. Assim: **GEL NaD**a.
> Quer memorizar os títulos em hebraico? Então, vamos lá: *Bereshit* = No princípio (Gênesis), *Shemot* = Nomes (Êxodo), *Vaiqrá* = Chamou (Levítico), *Bamidbar* = No deserto (Números), *Debarim* = Palavras (Deuteronômio).

Por que recebeu esse título?

O título "Números" é devido ao tema dos quatro primeiros capítulos. Aí temos o recenseamento de todos os hebreus com mais de 20 anos e aptos para a guerra. O número deles chega a 603.550, quantidade maior da de Êxodo 12,37. Evidentemente, trata-se de números simbólicos.

Foi Moisés quem escreveu esse livro?

Como acontece em livros anteriores do Pentateuco, também em Números encontramos o fenômeno das tradições. Temos aí tradições conservadas pelas tribos do Norte, tradições antigas pertencentes às gerações do Sul e, sobretudo, textos atribuídos à tradição sacerdotal.

Como vimos ao estudar o livro do Levítico, a tradição sacerdotal mostrou sua força, sobretudo depois do exílio na Babilônia (terminado em 538 antes de Cristo). Na época posterior ao exílio, sob a dominação dos persas, os judeus puderam se organizar somente do ponto de vista religioso, sendo então governados e dirigidos por sacerdotes.

É na época depois do exílio que surge o Judaísmo, fundado sobre três bases: a Lei, o Templo e a Raça. O movimento sacerdotal desse período reuniu tradições antigas acerca da etapa do deserto e é o responsável pela redação definitiva do livro dos Números. Lendo-o, podemos perceber a importância dos sacerdotes e levitas na condução do povo.

Para dar maior credibilidade e conferir autoridade ao texto, afirma-se que tudo isso vem de Deus por meio de Moisés e do sacerdote Aarão, no tempo em que os hebreus peregrinaram pelo deserto em direção à Terra Prometida. Moisés, portanto, torna-se o patrono desse conjunto de livros, a Lei dos judeus.

Do que trata esse livro?

Números tem 36 capítulos. O livro é situado na etapa do deserto, por volta de 1200 antes de Jesus nascer, mas, na verdade, foi escrito cerca 800 anos depois. Todos os temas tratados são situados na etapa do deserto.

A partida dos hebreus do monte Sinai inicia-se com um recenseamento do povo (capítulos 1 a 4). Nos capítulos 5 e 6, encontramos leis diversas; a partir do capítulo 7 até o final do capítulo 8, narram-se as oferendas dos chefes e a consagração dos levitas. Os capítulos 9 e 10 têm como fio condutor a celebração da Páscoa e a partida em direção à Terra Prometida. Nos capítulos de 11 a 14, descrevem-se as diversas etapas da marcha pelo deserto. Os capítulos de 15 a 19 trazem normas sobre os sacrifícios e tratam dos poderes dos sacerdotes e levitas.

A marcha continua de Cades a Moab, e isso é narrado a partir do capítulo 20 até o capítulo 25. Do capítulo 26 ao 30, encontramos novas disposições. E do capítulo 31 ao final, o tema central são os despojos de guerra e o começo da partilha da Transjordânia.

> **Replay**
> Vários temas do livro dos Números são praticamente repetições do livro do Êxodo. Por exemplo: a idolatria do capítulo 25 se assemelha ao episódio do bezerro de ouro (Êxodo 32); o tema do maná (capítulo 11) já apareceu em Êxodo 16, bem como o tema da água (capítulo 20), que já apareceu em Êxodo 17. As rebeliões do povo e as intercessões (capítulos 11 a 14) já são conhecidas ao se ler o livro do Êxodo.

Como o livro está organizado?

Além da organização descrita na pergunta anterior, é possível dividir o livro em três etapas, seguindo o critério geográfico: **1.** No Sinai: preparativos para a viagem (1,1-10,10). **2.** Na região de Cades (10,11-20,13). **3.** De Cades a Moab, preparando-se para ocupar a terra (20,14-36,13).

2. A mensagem do livro dos Números

O título hebraico do livro ("No deserto") é importante para a elaboração da mensagem de Números. Estamos na etapa intermediária, tendo às costas um passado de opressão e à frente uma terra, onde construiu-se um arranjo social totalmente diferente, fundado na liberdade e na vida.

Companheiro, aliado e líder dessa marcha é Javé, que não abandona seu povo na precariedade da vida no deserto. O início do livro é, nesse sentido, magistral: todas as tribos, bem organizadas, marcham decididamente rumo à terra da promessa, tendo ao centro delas a arca da aliança, símbolo da presença do Deus Javé, que caminha e lidera a marcha do povo.

O livro dos Números pode ser chamado de "pedagogia para um povo que peregrina". De fato, há um caminho a ser percorrido, enfrentando a precariedade e as dificuldades, sem perder de vista a luz que brilha no horizonte e atrai; sem perder a memória de um passado de sofrimento, ao qual não se quer e não se pode retornar. A suprema tentação é fazer pouco caso das utopias (a Terra Prometida), contentando-se com a situação de opressão anterior, desde que de barriga cheia.

A marcha caracteriza-se por dificuldades: inimigos externos e lutas internas. Inimigos fora e dentro de casa. Internamente, rebelam-se o povo e inclusive as lideranças religiosas (levitas), bem como os chefes. Mas o título hebraico do livro recorda que estamos simplesmente no deserto, e não na etapa definitiva da marcha. Há um caminho e é preciso caminhar.

II. OLHANDO O LIVRO DE PERTO

1. O recenseamento (capítulos de 1 a 4)

O livro se abre com extraordinário recenseamento do povo no deserto. São contados apenas os homens com mais de 20 anos e aptos para a guerra. O resultado é estupendo: 603.550 soldados. Pergunta-se por que uma cifra tão alta. A resposta pode ser em parte dada recordando a bênção de Gênesis 1,28: "Cresçam e se multipliquem, encham a terra e a dominem". Estamos diante de um povo extremamente fecundo, resultado da bênção divina.

Esses quatro primeiros capítulos pertencem à mesma tradição que nos deu o primeiro capítulo do Gênesis. É a tradição ligada aos sacerdotes do período posterior ao exílio da Babilônia (terminado em 538 antes de Cristo). A preocupação central dos sacerdotes era a pureza do povo. É por esse motivo que recensear o povo não constitui pecado, como no caso do rei Davi (veja 2 Samuel 24). Evidentemente, o rei Davi não tinha as mesmas intenções dos sacerdotes no período posterior ao exílio.

O detalhe mais importante desses quatro capítulos é a disposição das tribos, como se fossem um imenso exército em marcha rumo à conquista da Terra Prometida. A arca da aliança ocupa o centro, como ponto de coesão e, ao mesmo tempo, lugar de onde partem as ordens: é Javé comandando e liderando a marcha de seu povo que peregrina pelo deserto em busca da terra da liberdade e da vida.

2. Leis (capítulos 5 e 6)

Esses capítulos contêm leis diversas. Pertencem à mesma tradição sacerdotal. São leis inspiradas nos capítulos de 11 a 16 do Levítico. Tratam da exclusão de pessoas impuras, como os leprosos, da lei da restituição, do ordálio e do nazireato.

Ordálio

O ordálio (ou julgamento divino) era um cruel modo antigo, praticado em todo o Oriente Médio, para resolver questões judiciais carentes de provas claras e incontestáveis. Nos povos vizinhos a Israel, costumava-se jogar no rio a pessoa acusada. Se a divindade interviesse e a salvasse, ela seria declarada inocente.

O povo da Bíblia amenizou esse "teste" (Números 5,11-31): A mulher acusada de adultério devia tomar água misturada com a cinza do documento de acusação. Se a água não provocasse nela reações, a mulher seria declarada inocente.

O sentido dessas leis é este: o povo que peregrina em busca da Terra Prometida deve ser um povo santo, consagrado a Javé.

Nazireato (Números 6,1-21)

Era um voto (promessa) que uma pessoa fazia por certo período da vida. A pessoa devia abster-se de uma série de coisas, como, por exemplo, das bebidas alcoólicas e alimentos impuros. Não podia cortar o cabelo enquanto durasse o voto. Não podia chegar perto de um defunto. Quando terminava o voto, a pessoa cortava o cabelo, que devia ser queimado no fogo do santuário.

Como se pode ver, a influência da tradição sacerdotal é muito forte no livro dos Números. Lendo-o, detectam-se temas e personagens que revelam esta verdade: temas relacionados com a pureza de pessoas (povo, sacerdotes e levitas) e personagens como o sacerdote Aarão.

Bênção sacerdotal

É muito conhecida e usada, nos meios cristãos, a bênção sacerdotal de Aarão: "O Senhor te abençoe e te guarde. O Senhor te mostre seu rosto radiante e tenha piedade de ti. O Senhor te mostre seu rosto e te dê a paz" (6,24-26).

3. As ofertas dos chefes e a consagração dos levitas (capítulos 7 e 8)

Esses dois capítulos também estão ligados ao tema do culto e de suas ofertas. Cada chefe de tribo apresentou sua oferenda para a dedicação do altar. No fim de doze dias, o resultado foi o seguinte: doze bandejas de prata, doze bacias de prata, para a aspersão, e doze vasos de ouro; doze novilhos, doze carneiros, doze cordeiros de um ano, como holocaustos; doze bodes como sacrifício pelo pecado; vinte e quatro novilhos, sessenta carneiros, sessenta bodes e sessenta cordeiros de um ano como sacrifício de comunhão.

Isso significa que as tribos, uma por dia, ofereceram: uma bandeja de prata, uma bacia de prata, para a aspersão, um vaso de ouro; um novilho, um carneiro, um cordeiro de um ano para o holocausto; um bode para o sacrifício pelo pecado; dois novilhos, cinco carneiros, cinco bodes e cinco cordeiros de um ano para o sacrifício de comunhão.

É a visão perfeita, desejada pelos sacerdotes, que governam o povo depois do exílio da Babilônia, projetada para trás, para o tempo da marcha no deserto.

No período anterior ao exílio (iniciado em 586), os levitas desempenhavam papel importante na condução do povo. Essa função foi revista depois do exílio. Eles praticamente perderam o espaço ocupado antes. Números 8 parece justificar essa perda, atribuindo-a a Javé e a Moisés: "A partir dos vinte e cinco anos, o levita deverá prestar serviço, ocupando-se da Tenda da Reunião. Quando completar cinquenta anos, não está mais obrigado ao serviço. Não terá mais função alguma" (8,24-25).

4. Celebração da Páscoa e partida (capítulos 9 e 10)

A partida do Egito foi assinalada pela celebração da Páscoa (Êxodo 12). A partida do monte Sinai também é marcada pela celebração da Páscoa, palavra que significa "passagem" e que se reveste de sentido especial nesses dois momentos. Os capítulos 9 e 10 são banhados pela tradição sacerdotal e mostram, sobretudo em 9,6-14, uma preocupação do tempo em que foi escrito o livro dos Números.

Nessa época, muitos judeus viviam fora da Palestina e, por ocasião da Páscoa, peregrinavam a Jerusalém, com o risco de se tornarem ritualmente impuros para a festa, sem a possibilidade de celebrá-la.

> **Exercício**
> Abra sua Bíblia em Números 9,33-36 e complete o que vem a seguir:
> **1.** Quando a arca partia, Moisés dizia: "Javé, levanta-te! Que os teus _____
> _____
> _____".
>
> **2.** Quando a arca parava, Moisés dizia: "Javé, volta _____
> _____
> _____
> _____".

Respostas: 1. inimigos sejam dispersos e fujam diante de ti os que te aborrecem | 2. entre as multidões de Israel.

5. Etapas no deserto (capítulos de 11 a 14)

A marcha pelo deserto e suas etapas são marcadas por vários incidentes. Em primeiro lugar, encontra-se a murmuração do povo, que prefere a opressão do Egito, desde que de barriga cheia, à precariedade do deserto rumo à liberdade na terra. A situação é tal, que a opressão do Egito aparece como "paraíso perdido", terra de fartura: peixe barato, pepinos, melões, verduras, cebolas, alhos... A terra da liberdade nem é mencionada. O povo está enjoado do maná.

As lideranças também brigam entre si, movidas pelo ciúme. O povo desdenha a terra, como se liberdade fosse uma utopia irrealizável. Em todas essas situações, sobressai a figura de Moisés enquanto intercessor. Os capítulos 13 e 14 misturam três tradições diferentes acerca desses episódios (veja, nesta coleção, "O livro do Êxodo").

> **Etiologias**
> Etiologia é o estudo sobre a origem das coisas. Por que há lugares com nomes como Sete Barras, Registro, Santo Antônio de Posse, Vacaria, Passo Velho, Passo Fundo, Santa Rita do Passa Quatro etc.? Etiologia é buscar uma explicação, histórica ou lendária, para esses nomes.
>
> Na Bíblia esse é um fenômeno frequente. Exemplos dentro dos capítulos de 11 a 14 de Números. Tabera (11,3): "Estalido". "Porque o fogo de Javé 'estalou' contra eles". Cibrot-ataava (11,34): "Cemitério da gula". "Porque aí 'enterraram os gulosos'". 11,35: Haserot (11,35): "Currais". "E aí 'montaram acampamento". Nahal Escol (13,23): "Torrente do Cacho de Uva". "Chegando a Nahal Escol, cortaram um ramo com 'um só cacho de uva', penduraram-no numa vara...".

6. Sacrifícios, sacerdotes e levitas (capítulos de 15 a 19)

Os capítulos de 15 a 19 pertencem à tradição sacerdotal e tratam de leis acerca dos sacrifícios e dos poderes dos sacerdotes e levitas. A parte central se encontra no capítulo 16, com a revolta de Coré, Datã e Abiram. Eles revoltaram-se contra Moisés e Aarão, dizendo: "Toda a comunidade e todos os seus membros são consagrados. E Javé está no meio deles. Então, por que vocês se colocam acima da assembleia de Javé?"

O castigo foi cruel para os três e seus duzentos e cinquenta seguidores: a terra se abriu e os engoliu, com todas as suas famílias.

Pentateuco

7. A marcha de Cades a Moab (capítulos de 20 a 25)

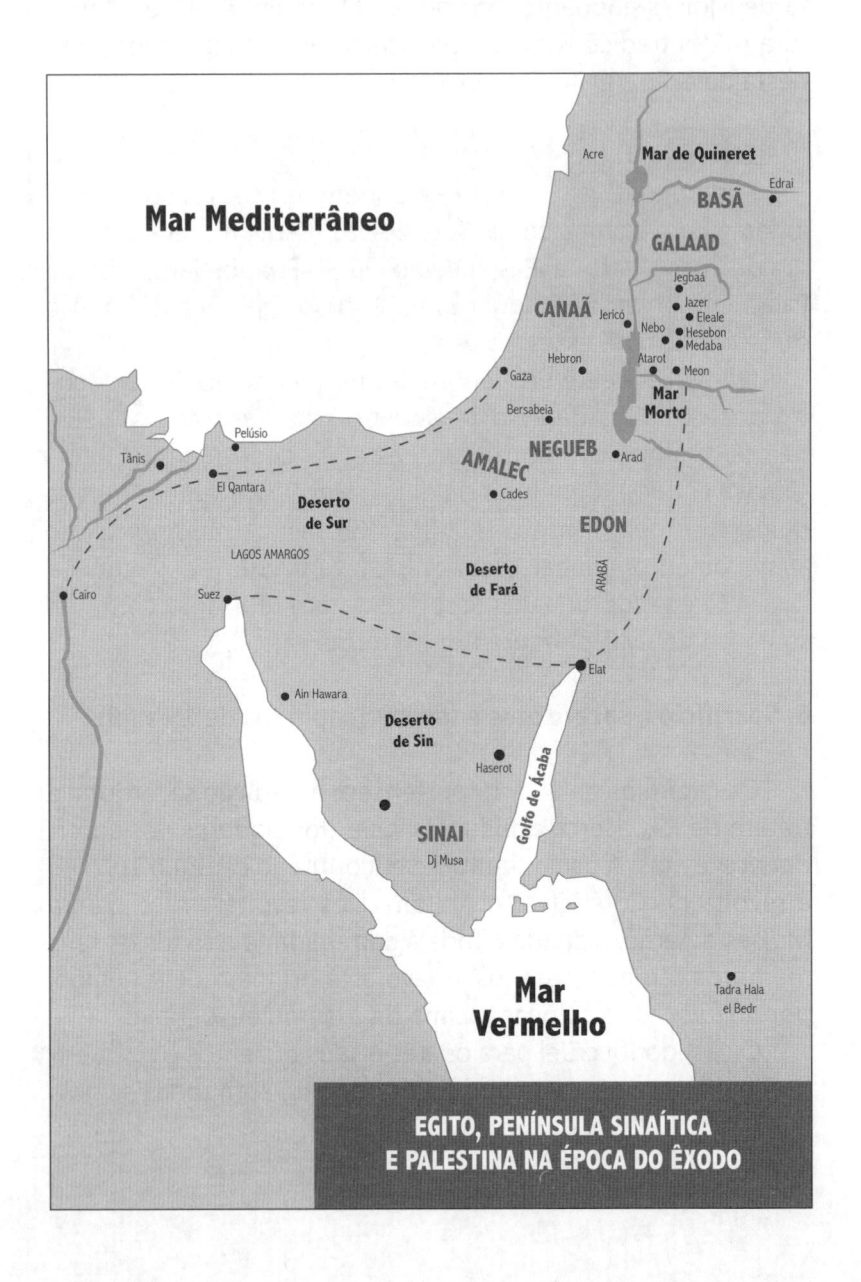

EGITO, PENÍNSULA SINAÍTICA E PALESTINA NA ÉPOCA DO ÊXODO

A marcha de Cades a Moab é marcada pelas dificuldades. Em primeiro lugar, a falta de água (20,1-11); em segundo lugar, Edom recusa passagem (20,14-21); Maria e Aarão, irmãos de Moisés, morrem; o povo se queixa do maná, e temos aí o episódio da serpente de bronze. A partir do capítulo 22, encontramos o episódio de Balaão e sua burrinha falante. O rei de Moab, chamado Balac, contratou Balaão para que amaldiçoasse os israelitas. Balaão, porém, ao invés de amaldiçoar, abençoa e prevê um futuro glorioso para Israel. O oráculo de Balaão tornou-se muito famoso na história do povo de Deus.

No capítulo 25, temos um caso de idolatria, conhecido como o episódio de Baal Fegor.

O livro dos Números no Novo Testamento

Vários trechos de Números aparecem aberta ou veladamente no Novo Testamento. Eis alguns: o recenseamento, de 1,20 e seguintes, repercute em Apocalipse, capítulo 7; João Batista (Lucas 1,15) é apresentado como alguém que fez voto perpétuo de nazireato; é possível ver uma ligação entre Números 11,28-29 (Josué pedindo a Moisés que proíba Eldad e Medad de profetizar) com Marcos 9,38-39 (os discípulos querendo proibir a expulsão de demônios por parte de alguém que não os segue); Números 12,7 ressoa em Hebreus 3,2-5 (Hebreus é um dos livros do Novo Testamento com mais referências a Números). Mas a ligação mais importante é, sem dúvida, o episódio da serpente de bronze (compare Números 21,4-9 com João 3,14-15).

8. Outras leis (capítulos de 26 a 30)

Nos capítulos de 26 a 30, encontram-se novas disposições ligadas à tradição sacerdotal: novo recenseamento, recenseamento dos levitas, herança das filhas, calendário litúrgico (festas; veja, nesta coleção, "O livro do Levítico"), leis sobre os votos.

9. Despojos de guerra e partilha (capítulos de 31 a 36)

A última parte do livro trata dos despojos de guerra e da partilha. No capítulo 32, fala-se da divisão da Transjordânia. O próprio Javé dá ordens acerca da partilha de Canaã. No capítulo 35, fala-se da parte destinada aos levitas, bem como das cidades de refúgio, onde buscava asilo a pessoa que tivesse matado alguém sem querer.

O livro se encerra com uma lei referente à herança da mulher casada (capítulo 36).

Avaliação
Faça uma avaliação deste breve estudo do livro dos Números. Em meio a tantas informações, procure conservar aquilo que continua sendo útil para nossos dias.

5
O livro do Deuteronômio

I. ANTES DE ABRIR O LIVRO

1. Conversando sobre o livro

Desconfio que a palavra "Deuteronômio" não vem do hebraico, mas da tradução grega chamada "Setenta". Estou certo?

Certíssimo! O título hebraico desse livro é *Debarim*, que significa "Palavras". É assim que ele começa: "Estas são as palavras...".

Eu me esforcei bastante e memorizei os nomes dos cinco livros da Torá, a Lei para os judeus: Gênesis se diz Bereshit; *Êxodo é* Shemot, *Levítico tem como título* Vaiqrá, Bamidbar *é Números, e Deuteronômio é chamado* Debarim *pelos judeus...*

Muito bem, parabéns por saber de cor os títulos hebraicos do Pentateuco, termo grego que damos ao conjunto dos cinco primeiros livros da Bíblia e que significa "Cinco rolos". Mas será que os outros leitores fizeram os mesmos progressos que você fez? Vamos desafiá-los? Na primeira coluna, entre os parênteses, ordenem os livros do Pentateuco, unindo-os com os títulos da segunda coluna; a seguir, unam o título em Português com o título em hebraico e seu significado. Exemplo: (1) Gênesis Bereshit (No princípio).

Ordem	Título em Português		Título em hebraico e significado
( )	Números	❶	○ Vaiqrá (Chamou)
( )	Deuteronômio	❷	○ Shemot (Nomes)
( )	Levítico	❸	○ Bamidbar (No deserto)
( )	Gênesis	❹	○ Debarim (Palavras)
( )	Êxodo	❺	❶ Bereshit (No princípio)

Resposta: Ordem: 4; 5; 3; 1; 2. | Título em hebraico e significado: 3; 4; 2; 5; 1.

Eu acredito que conseguiram. É um exercício gostoso de se fazer. Por isso damos os parabéns aos que nos acompanham no estudo dos livros da Bíblia...

Sem dúvida. Mas pode ser que alguém tenha ainda dificuldade em memorizar a ordem dos cinco primeiros livros. Sugerimos o mesmo exercício dos fascículos anteriores: Crie uma expressão com as letras iniciais de cada livro. Assim: **GEL NaDa**.

Mas não ficou claro o significado da palavra Deuteronômio. Qual seria?

A palavra significa "Segunda Lei" ou "Cópia da Lei". Esta última expressão é tirada de uma frase do mesmo livro. Em 17,18, referindo-se ao rei, diz-se: "Quando ele subir ao trono real, deverá escrever num livro, para seu uso, uma cópia desta Lei, ditada pelos sacerdotes levitas". A expressão "Cópia desta Lei" se diz na tradução grega "Deuteronomion".

O título hebraico ("Palavras") tem um sentido mais profundo daquilo que foi exposto?

Sim. Pois grande parte do livro é composta de discursos de Moisés. Ao todo, são três longos discursos. O primeiro compreende basicamente os capítulos de 1 a 4; a primeira parte do segundo encontra-se em 4,44 a 11,31 e continua em 26,16 até 28,68. Essas duas partes do segundo discurso são como as fatias de pão de um sanduíche, cujo miolo é o Código de leis civis e religiosas (12,1 a 26,15). O terceiro discurso encontra-se nos capítulos 29 e 30. A última parte (capítulos 31 a 34) traz um longo cântico de Moisés (32,1-43). Por essas razões, o título hebraico não se refere apenas à primeira palavra do livro.

Todo livro da Bíblia tem sua história. Qual é a história do Deuteronômio?

O livro situa os fatos às portas da Terra Prometida, no quadragésimo ano da saída da opressão no Egito. Trata-se, porém, de local e data fictícios. Na verdade, o livro surge muito tempo depois e cobre um período da história de Israel de pelo menos 350 anos, ou seja, o período que vai de 750 a 400 antes de Cristo. Como nos demais livros, a atribuição do texto a Moisés serve para dar credibilidade àquilo que nele se diz.

O Deuteronômio nasceu no Reino do Norte por iniciativa dos levitas, que eram pregadores e animadores itinerantes da religião do Deus Javé. Desde o tempo do rei Salomão (falecido em 931), os levitas se instalaram no Reino do Norte.

Segundo o livro de Josué (capítulo 21), os levitas, apesar de terem suas cidades, viviam também como estrangeiros residentes, exercendo funções sacerdotais nas famílias. Eles são os responsáveis pela conservação e transmissão da parte central e mais antiga do Deuteronômio (basicamente do capítulo 12 ao 26).

O Reino do Norte desapareceu no ano 722 antes de Cristo. Alguns anos depois, no Reino do Sul, o rei Ezequias (715 a 687) promove uma reforma político-religiosa, tendo como um dos objetivos restabelecer o antigo império de Davi e Salomão, anexando o território do desaparecido Reino do Norte.

Entre as várias medidas tomadas na reforma, encontrava-se o resgate das antigas tradições religiosas e sapienciais do povo. É nessa época que uma cópia do núcleo central do Deuteronômio viaja do Norte para o Sul, acabando por cair no esquecimento. Mais tarde, um rei chamado Josias (640 a 609) retoma a reforma inacabada de Ezequias.

Nos trabalhos de restauração do Templo, essa cópia perdida foi reencontrada. Com o aval de uma profetisa chamada Hulda, a parte central do Deuteronômio torna-se o motor da reforma de Josias. A partir disso, o livro ocupou papel preponderante na vida do Reino do Sul, chegando a constituir um movimento chamado de "Escola Deuteronomista", que continua suas atividades até o fim do exílio na Babilônia. É nesse período e também depois, que o Deuteronômio recebe muitos acréscimos, chegando à edição definitiva por volta do ano 400. A essas alturas, o livro já incorpora outras tradições e se torna fonte de inspiração para a redação dos livros que compõem a História Deuteronomista: Josué, Juízes, 1 e 2 Samuel, 1 e 2 Reis (veja, nesta coleção, "O livro de Josué").

2. Revisão

Faça uma revisão da primeira parte, fazendo associações:

Debarim ❶	○ Rei que fez a 1ª reforma político-religiosa
Pentateuco ❷	○ Conservaram o Deuteronômio
Deuteronomion ❸	○ A ele foi atribuído o Deuteronômio
Ezequias ❹	○ Rei que continuou a reforma de Ezequias
Josias ❺	○ Movimento/escola que escreveu o Deuteronômio
Levitas ❻	○ Nome grego do Deuteronômio

Hulda ⑦	① Nome hebraico do Deuteronômio
Deuteronomista ⑧	○ Profetisa que aprovou o Deuteronômio
Moisés ⑨	○ Nome dado aos 5 primeiros livros da Bíblia

Resposta: 4; 6; 9; 5; 8; 3; 1; 7; 2.

II. OLHANDO DE PERTO O LIVRO

1. 1º discurso de Moisés (1,1 a 4,43)

Esses capítulos foram acrescentados à parte central do Deuteronômio durante o exílio na Babilônia (que se iniciou em 586 e terminou em 538). É atribuído a Moisés, que convida o povo a olhar para trás, ou seja, a fazer uma revisão da história. O período da história revisto é o narrado pelo livro dos Números, isto é, do Sinai ao monte Fasga, às portas da Terra Prometida.

Nesses capítulos, os autores do movimento deuteronomista recolhem antigas tradições. O centro desses capítulos é a lembrança da aliança que contém a promessa da terra: "Aí está a terra que eu dei para vocês! Entrem para tomar posse da terra que Javé jurou e prometeu entregar aos antepassados de vocês, a Abraão, Isaac e Jacó e, depois deles, a seus descendentes" (1,8).

> **Inculcar**
> É uma palavra e uma tarefa importante no Deuteronômio. Significa "repetir insistentemente uma coisa, até que fique bem gravada na memória, a ponto de marcar com força o comportamento da pessoa". O Deuteronômio é um texto

> que Moisés inculca a Israel: "Ele começou a inculcar esta Lei..." (1,5). O pai de família, por sua vez, continua a tarefa de Moisés: "Que estas palavras que eu ordeno a você neste dia estejam em seu coração. Você deve inculcá-las a seus filhos, falando delas quando estiver sentado em casa ou andando pelo caminho, deitado ou de pé" (6,6-7).

Sendo um texto acrescentado no tempo do exílio, projeta-se para a época de Moisés a previsão do cativeiro como resultado da infidelidade à aliança: "Quando vocês tiverem gerado filhos e netos, e forem velhos na terra, e se corromperem... praticando o que é mau aos olhos de Javé... serão completamente aniquilados. Javé irá dispersá-los entre os povos, ficando somente um pequeno número no meio das nações..." (veja 4,25-27).

Ao mesmo tempo, Moisés anuncia a conversão e a volta a terra: "Você se voltará para Javé, seu Deus, e lhe obedecerá, pois Javé, seu Deus, é um Deus misericordioso: ele não vai abandoná-lo nem destruí-lo, pois nunca se esquecerá da aliança que selou com seus antepassados mediante juramento" (4,30-31).

> **Você já viu?**
> Talvez você já tenha visto, em filmes, fotos ou pessoalmente, como alguns judeus, ainda hoje, trazem uma caixinha preta presa à testa e fitas enroladas nos braços. Nessas caixinhas e fitas, há trechos da Escritura, numa interpretação literal de Deuteronômio 6,8-9: "Você deve atá-las a sua mão como um sinal, e serão como um frontal entre seus olhos. Você deve escrevê-las nos umbrais de sua casa e em suas portas".
> Ainda hoje as casas dos judeus observam esse mandamento. À entrada da casa encontra-se a Mezuzá, um pergaminho com trechos da Escritura.
> Você se interessou pela Mezuzá e quer saber mais? Então digite essa palavra no Google.

2. 1ª parte do 2º discurso de Moisés (4,44 a 11,31)

Esses capítulos são a primeira parte do segundo discurso de Moisés, interrompido depois de 11,31 e retomado em 26,16, terminando em 28,68. Por que essa interrupção? Para dar espaço à parte central e mais antiga do Deuteronômio (12,1 a 26,15).

Portanto, o segundo discurso funciona como as duas fatias de pão num sanduíche. O ambiente é o mesmo do primeiro discurso, e essa primeira parte serve de introdução ao abundante "miolo" do sanduíche. Retoma-se a história passada, chegando ao monte Horeb, também chamado de Sinai, onde foi selada a aliança entre Javé e o povo, com a proclamação do Decálogo, mais conhecido como os Dez Mandamentos.

> **Motivações diferentes**
> O Decálogo (Dez Mandamentos) tem duas versões. Ele se encontra em Êxodo 20,2-17 e Deuteronômio 5,6-21. As diferenças entre os dois textos não são muitas. Ambos concordam neste ponto: os Dez Mandamentos são um projeto de sociedade totalmente diferente daquilo que os hebreus provaram no Egito. Porém, as motivações para respeitar o descanso em dia de sábado são diferentes. O Êxodo tem motivação religiosa: Deus descansou no sétimo dia da criação (20,9-11); o Deuteronômio apresenta uma razão social: no Egito, os hebreus foram escravizados, sem direito ao dia de descanso.

> *Faça você mesmo!* Você certamente ouviu falar dos Dez Mandamentos. Porém, preste atenção: os Dez Mandamentos do Deuteronômio (e do Êxodo) não são exatamente iguais aos que você aprendeu na catequese. O desafio é o seguinte: ordenar os mandamentos de Deuteronômio 5,7-21. Ponha, entre os parênteses, o lugar que cada um ocupa. Se tiver dificuldades, use a Bíblia. A seguir, confira a resposta abaixo.

( ) Não cometa adultério.
( ) Não tenha outros deuses diante de mim. Não faça ídolos para você, nenhuma representação do que existe no céu, na terra ou nas águas que estão debaixo da terra.
( ) Não roube.
( ) Honre seu pai e sua mãe, como Javé, seu Deus, ordenou-lhe, para que sua vida se prolongue e tudo corra bem para você na terra que Javé, seu Deus, agora lhe dá.
( ) Não pronuncie em vão o nome de Javé, seu Deus, porque Javé não deixará sem punição aquele que pronunciar seu nome em vão.
( ) Não mate.
( ) Não dê falso testemunho contra seu próximo.
( ) Não cobice a mulher de seu próximo.
( ) Não deseje para você a casa de seu próximo, nem o campo, nem o escravo, nem a escrava, nem o boi, nem o jumento, nem coisa alguma que pertença a seu próximo.
( ) Observe o dia de sábado, para santificá-lo, como ordenou Javé seu Deus.

Respostas: 6: 1; 7: 4; 2: 5; 8: 9; 10; 3. Se você fez mais de 5 pontos, parabéns. Se acertou toda a série, ufa! Você é um craque!

O eixo central dos Dez Mandamentos é o respeito à vida ("Não mate"). Respeitando-a, respeita-se a Deus. Violando a vida – qualquer que seja –, rompe-se a aliança e faz-se uma caricatura de Deus, correndo o risco de torná-lo um ídolo.

A oração de Israel

O Xemá – palavra que significa "Escute" – é a oração mais importante de Israel. Você pode rezá-la em hebraico, assim: "Xemá, Israel, Adonay Elohenu, Adonay ehad". É tirada de Deuteronômio 6,4, e quer dizer: "Escuta, Israel, o Senhor é nosso Deus, ele é o único Senhor".

O Deus de Israel é único por ser o único que dá a vida e exige respeito por ela. Os Dez Mandamentos são a resposta que o povo de Deus dá a seu aliado, o Senhor da vida. É por isso e para isso que Israel é escolhido dentre todos os povos com o povo consagrado a Javé. É o que se pode dizer, em grandes linhas, do capítulo 6 ao 11.

3. Código de leis civis e religiosas (12,1 a 26,15)

Essa é a parte mais antiga do Deuteronômio, conservada pelos levitas itinerantes e levada para Jerusalém após a queda de Samaria, capital do Reino do Norte no ano 722. Perdida e mais tarde encontrada no Templo de Jerusalém, ela provocou a reforma do rei Josias (2 Reis 23). Com o passar do tempo, essa parte recebeu correções e acréscimos. Podemos dividi-la em dois grandes blocos: leis religiosas e leis civis. Não existe uma divisão rígida entre esses dois blocos. As leis aparecem misturadas, e, às vezes, uma lei toca tanto no campo religioso quanto o civil.

As leis religiosas mais importantes são as seguintes:

• Centralização do culto em Jerusalém. Expressões como esta: "... lugar que Deus escolheu para aí fazer habitar seu nome", ou semelhantes apontam para o Templo. Na época do rei Josias e de sua reforma, o Templo passa a ser o único lugar autorizado de culto a Javé. Desaparecem, assim, os santuários locais e as celebrações familiares de festas importantes, como a Páscoa. A ordem é destruir os lugares altos e superar a qualquer custo as tentações da idolatria.

> **Lugares altos, Baal e Astarte**
> Eram lugares de culto cananeu, geralmente o topo de uma colina ou monte, ponto alto para o contato, mais próximo, entre o céu e a terra. Eram sobretudo lugares abertos, em contato com a natureza.
> Baal – palavra que significa "senhor" – era o deus mais importante da religião cananeia. Era considerado o deus responsável pela fecundidade da terra, das pessoas e dos animais.

> Tido como divindade da tempestade, era visto como o princípio gerador masculino da natureza. A chuva representava seu sêmen e o trovão sua voz.
> Astarte era a deusa-mãe, o princípio feminino inseminado por Baal. Deusa do amor e da guerra, representava a terra fértil e era responsável pela renovação da vida.
> O culto a Baal e Astarte acontecia mediante a "prostituição sagrada": os sacerdotes cananeus se uniam sexualmente às "santas" (sacerdotisas), para despertar o casal divino e pôr em ação o ciclo da natureza.

- Leis que determinam quais são os animais puros e quais os impuros, normas a respeito de dízimos e festas, do ano sabático, praticamente semelhantes às que encontramos no livro do Levítico.
- Leis que tratam da consagração dos primogênitos a Deus, do sacerdócio levítico e dos profetas.
- Lei dos primeiros frutos, isto é, primícias.

> **Leis caducas?**
> Em Deuteronômio 23,13-14, encontra-se uma lei que toca quer o campo religioso (a questão da pureza), quer o campo social. Ela deve ser um alerta para os que tomam a Bíblia ao pé da letra. A lei diz assim: "Você deverá providenciar um lugar fora do acampamento para fazer suas necessidades. Leve uma pá junto com seu equipamento. Quando você sair para fazer suas necessidades, faça um buraco no chão com a pá. Ao terminar, cubra as fezes".
> Evidentemente, nem os que tomam a Bíblia ao pé da letra fazem o que aí se ordena. Mas, se usarmos a ferramenta chamada hermenêutica – que é a atualização de textos antigos –, chegaremos a resultados interessantes e questionadores. Por exemplo: O que essa lei tem a dizer acerca do esgoto domiciliar jogado nos rios? Por que muitos de nossos rios e córregos estão podres? O que dizer dos detritos químicos aí despejados? E o que dizer do lixo jogado a céu aberto? A religião tem algo a ver com isso?

As leis civis abraçam praticamente todos os campos da vida social. Fala-se de escravos, juízes levitas, reis; há normas acerca do homicida e das cidades de refúgio; leis referentes à guerra etc. De modo geral, podem ser agrupadas nos seguintes campos: judiciário, militar, familiar.

> **Uma lei ecológica**
> Deuteronômio 22,6-7 ordena: "Se você encontrar pelo caminho um ninho de pássaros – numa árvore ou no chão – e nele houver filhotes ou ovos e a mãe sobre os filhotes ou chocando os ovos, não pegue a mãe que está sobre os filhotes. Deixe primeiro a mãe voar em liberdade e, só depois, você poderá pegar os filhotes. Assim tudo correrá bem para você, e seus dias se prolongarão".
> A lei manda preservar a fonte da vida. Alguns poderão considerá-la ultrapassada por não respeitar os ovos ou os filhotes. Mas perguntamos: por que há tantas espécies de animais em extinção? Você sabia que o contrabando de animais silvestres é um dos mais rentáveis em nosso país? Por que muitos pescadores não encontram peixes nos rios, lagos e mares? Você sabe o que é pesca predatória?

Como exemplo de lei civil, tomamos Deuteronômio 22,8. Aí se ordena: "Quando você construir uma casa nova, deverá fazer um parapeito no terraço. Assim você evitará que alguém caia do terraço e sua casa se torne responsável pela vingança do sangue".

Você sabe que nosso país é campeão também em acidentes do trabalho? Você conhece alguém que se machucou ou até morreu em acidentes da construção civil?

4. 2ª parte do 2º discurso de Moisés (26,16 a 28,68)

Esses capítulos retomam o segundo discurso de Moisés, interrompido no final do capítulo 11. Serve de conclusão à parte central do livro e tem as seguintes características: 1. Maldições.

É uma espécie de ladainha, declarando maldito o transgressor das normas anteriormente apresentadas. É uma síntese dos Dez Mandamentos. Após cada maldição, o povo responde "Amém!" 2. Bênçãos. As bênçãos, bem mais curtas, destinam-se aos que praticam os Dez Mandamentos e suas leis complementares. As bênçãos contemplam a vida urbana e a vida rural; a fecundidade da família, a fertilidade do solo e a fecundidade dos animais. Sinal do solo abençoado é o cesto cheio de frutos e a amassadeira cheia de massa para o pão. Sinal de bênção é a paz na cidade e na família, sem a presença de inimigos etc. 3. Perspectivas de guerras e de exílio. O discurso de Moisés encerra-se como nuvem escura no horizonte, isto é, com a perspectiva de uma invasão estrangeira e do cativeiro. Na época em que esse texto foi escrito, o povo já tinha vivido todas essas situações. Atribuindo-as a Moisés, elas soam como advertências para o futuro.

5. 3º discurso de Moisés (capítulos 29 e 30)

O terceiro discurso de Moisés também começa com uma recordação do passado, os acontecimentos do Êxodo. Em seguida, apresenta-se, em forma de exortação, o protocolo da aliança. Retornam as previsões do exílio, bem como o tema da conversão e do fim do cativeiro.

Essas idas e vindas, altos e baixos na vida do povo de Deus servem de lição para o futuro. O último discurso de Moisés termina de forma interessante, pois Deus, o Senhor da vida, convoca o povo a uma escolha fundamental. Javé diz: "No dia de hoje, convoco o céu e a terra como testemunhas contra vocês. Eu lhe propus a vida ou a morte, a bênção ou a maldição. Portanto, escolha a vida, para que você e sua descendência possam viver" (30,19).

6. Últimos atos e morte de Moisés (capítulos de 31 a 34)

Os últimos capítulos são uma espécie de conclusão geral de todo o Pentateuco. É um arranjo de textos, surgidos em épocas diferentes, anexados ao Deuteronômio na redação final. Falando de Josué, estabelece uma ponte com o que vem a seguir, a História Deuteronomista. As últimas palavras de Moisés são um longo poema (capítulos 32 e 33). O cântico exalta o poder do Deus de Israel, único Deus verdadeiro, cujas obras são perfeitas e cuja providência favorece o povo de Israel. Em contrapartida, o povo se revolta e sofre as consequências, mas Deus não abandona o povo à mercê dos inimigos, pois voltará a favorecê-lo.

O último capítulo trata da morte de Moisés na terra de Moab. Ele é declarado o maior dos profetas, e de fato é figura ímpar em todo o Antigo Testamento. Desde que aceitou sua missão no começo do livro do Êxodo, ele se caracterizou pela solidariedade para com um povo difícil de dirigir.

Nas peripécias do deserto, nós o vemos intercedendo junto a Deus em favor do povo. Rigorosamente falando, ele seria o único a merecer entrar na Terra Prometida. De longe a contempla e retira-se, dando passagem ao povo que ele tanto amou e defendeu.

> **Avaliação**
> Faça uma avaliação do Deuteronômio, livro complexo, relativamente extenso e difícil de resumir em poucas páginas. Mas não desanime: o caminho se faz ao caminhar.

História Deuteronomista

Josué – Juízes
1 e 2 Samuel – 1 e 2 Reis

6
O livro de Josué

I. ANTES DE ABRIR O LIVRO

1. Um livro-ponte

O livro de Josué traz esse nome nas traduções da Bíblia, porque Josué é seu principal personagem. O livro pode ser visto como uma ponte que liga dois acontecimentos de grande importância no estudo da Bíblia.

Olhando para trás, ele é a coroa de um grande processo marcado por dois acontecimentos. O primeiro desses acontecimentos é a realização de antigas promessas feitas a Abraão e seus descendentes: "Eu tornarei você muito fecundo. Farei de você nações, e reis serão seus descendentes. Vou estabelecer minha aliança entre mim e você, e seus descendentes depois de você, de geração em geração. Será uma aliança perpétua... Vou dar a você e a seus descendentes a terra em que está morando, toda a terra de Canaã, como propriedade perpétua. E eu serei o Deus de vocês" (Gênesis 17,6-8).

O segundo acontecimento está ligado ao primeiro, mas se apresenta com as características de ação libertadora da escravidão: "Eu vi de perto a aflição do meu povo que está no Egito. Escutei seu clamor por causa dos que o oprimem, pois eu conheço suas angústias. Foi por isso que desci para libertá-lo das mãos dos egípcios e fazê-lo sair daí em direção a uma terra boa e vasta, terra onde correm leite e mel. É a terra dos cananeus, dos heteus, dos amorreus, dos ferezeus, dos heveus e dos jebuseus" (Êxodo 3,7-8).

Nesses dois acontecimentos está presente de forma acentuada a promessa da posse da terra. O livro de Josué, portanto, é a realização dessas promessas, fruto da aliança entre Deus e seu povo. Nesse sentido, o livro completa a grande aventura da libertação da escravidão egípcia, e Josué é o legítimo sucessor de Moisés.

Olhando para a frente ou, se quisermos, examinando a outra cabeceira da ponte, percebemos que o livro de Josué é o começo de uma nova etapa na caminhada do povo de Deus. É o início do sedentarismo de Israel. Não estamos mais diante de um povo nômade, mas de um povo instalado numa terra geograficamente situada, Canaã. Essa caminhada se estende até o século VI antes de Jesus nascer, quando o povo de Deus é levado para o exílio na Babilônia, após ter perdido o dom mais precioso, a terra.

Na Bíblia, a posse da terra até sua perda é narrada pelos seguintes livros: Josué, Juízes, 1 e 2 Samuel, 1 e 2 Reis. Costuma-se chamar esse bloco de livros de História Deuteronomista.

> **Para recordar**
> Crie uma frase ou nome com as iniciais desses seis livros que compõem a História Deuteronomista para facilitar a memorização. Por exemplo: Jo JuSa Reis.

2. "Eu era feliz e não sabia"

Quais os objetivos da História Deuteronomista? O mais importante, sem dúvida, é fazer uma análise crítica da história do povo de Deus, desde a posse da terra sob a liderança de Josué, até a perda total da liberdade e da vida no exílio babilônico. Em outras palavras, pretende fazer refletir sobre as reais causas que geraram o exílio. Por que chegamos a esse ponto? Como explicar a perda das antigas promessas? Quem são os principais responsáveis? A resposta vai sendo dada à medida que os seis livros narram essa parte da história. Deus não é certamente o culpado pela desgraça do povo. Os responsáveis são outros.

> **Você quer descobrir?**
> Você quer descobrir quais foram os responsáveis pela perda da terra e o consequente exílio da Babilônia? Então leia a história dos reis a partir de 1 Reis 14. Observe o que se diz do comportamento dos reis.

A História Deuteronomista tem, portanto, uma sequência interessante:

Livro de Josué = conquista da terra, realização das promessas e bênção divina;
Livro dos Juízes até 1 Samuel 12 = época dos Juízes; a história do povo é como uma gangorra: alternam-se altos e baixos;
1 Samuel 12 a 2 Reis 23 = época dos Reis; crescente perda da terra, até o exílio da Babilônia: maldição.

> **Para rezar**
> Vários Salmos nasceram inspirados nisso que estamos aprofundando. Tente rezar o Salmo 137 (136) nessa perspectiva. Perdendo a terra, fruto das antigas promessas e sinal das bênçãos divinas, o povo olha para trás e constata: "Eu era feliz e não sabia".

Entre a posse da terra sob o comando de Josué e a redação final da História Deuteronomista há um espaço de mais ou menos 600 anos. Isso significa, entre outras coisas, que não estamos diante de fatos brutos, mas de acontecimentos interpretados. Isso levanta a seguinte pergunta: quais as fontes utilizadas pelos estudiosos para compor a História Deuteronomista?

Inspirados pelo Deuteronômio, cujas partes do texto foram trazidas do antigo Reino do Norte e redescobertas na época do rei Josias (640-609) e que diz "A história com Deus é bênção, mas a história sem Deus é maldição", eles compuseram a História Deuteronomista baseados em fontes escritas, como os documentos oficiais conservados no palácio real, em memórias populares, ou seja, contos que passavam oralmente de uma geração a outra, além de anotações pessoais de quem escrevia a história.

Assim sendo, nem tudo o que está no livro de Josué deve ser levado ao pé da letra. De fato, é bem provável que as coisas não tenham acontecido exatamente como estão escritas. Nós dizemos que "Quem conta um conto aumenta um ponto". Isso serve também para o livro de Josué. As evidências são muitas. Por exemplo: os filisteus continuam ocupando boa parte de Canaã até o tempo do rei Davi; os resultados obtidos pela arqueologia põem em dúvida muitas afirmações do livro de Josué; sabe-se, também, que os filisteus detinham o monopólio do ferro, impedindo aos hebreus a fabricação de armas e de ferramentas (veja Josué 17,16 e 1 Samuel 13,20).

3. "É a parte que te cabe deste latifúndio"

O que de fato teria acontecido? Hoje em dia há pelo menos três hipóteses acerca dos possíveis acontecimentos. A primeira é a tradicional, ou seja, a conquista total e violenta da terra, assim como é descrita pelo livro de Josué. Somente os fundamentalistas é que defendem essa hipótese, mas não conseguem responder às inúmeras questões levantadas pelas ciências modernas, sobretudo pela arqueologia.

A segunda hipótese fala de uma imigração progressiva e pacífica que, aos poucos, foi se infiltrando em Canaã. Vários grupos étnicos, como os representados por Raab e pelos gabaonitas, foram se unindo aos grupos étnicos já existentes em Canaã.

A terceira hipótese sustenta que o povo de Israel se formou, sobretudo, a partir de grupos étnicos cananeus, que se aliaram a um grupo de invasores ou imigrantes vindos do

Egito, chefiados por Moisés e portadores da fé em Javé, o Deus que liberta. Sendo Canaã um território ocupado pelas cidades-estado que lutam entre si, os hebreus e os habitantes das aldeias cananeias, descontentes com o regime explorador das cidades-estado, refugiam-se nas montanhas. Aí levam vantagem, pois os carros de guerra das cidades-estado não chegam, e eles podem se organizar, desenvolvendo uma agricultura de sobrevivência. Aprendem a armazenar em cisternas a água das chuvas e deixam de servir às cidades-estado cananeias.

> **O que era uma cidade-estado**
> Na época de Josué, Canaã era um território ocupado por muitas cidades-estado. Cada cidade-estado era governada por um rei, submetido ao rei do Egito (Faraó). Muitas dessas cidades-estado permaneceram cananeias até o tempo do rei Davi. Em volta e dependentes delas havia as aldeias, que se tornaram posse dos israelitas e mudaram de regime político. As cidades-estado eram protegidas por muralhas, ao passo que as aldeias não. Os reis das cidades-estado eram também sacerdotes do deus protetor da cidade, chamado geralmente Baal (Baais) e tido como responsável pela fecundidade do solo e do ser humano. As aldeias deviam obedecer aos reis das cidades-estado e manter sua população, sendo assim eram exploradas economicamente com desculpas religiosas, afinal o rei é filho da divindade, e não pode ser contrariado. A cidade-estado era erguida onde havia água, fato significativo para o abastecimento.

Aos poucos, várias cidades-estado definham e são ocupadas por aqueles que antes as serviam. Tudo isso, à distância de 600 anos, é visto como resultado de uma sólida parceria, a aliança entre Javé – representado pela arca da aliança – e seu povo. A conquista da terra, portanto, é vista como uma grande e solene celebração litúrgica. É o que se pode ver, por exemplo, na famosa "queda de Jericó" (capítulo 6), a primeira cidade-estado a desmoronar. Ela vai ao chão ao ser cercada por uma procissão, na qual os sacerdotes carregam a arca, ao toque de trombetas (isto é, chifres de carneiro que, normalmente, eram tocados para convocar o povo para a celebração). Por sete dias seguidos, faz-se uma procissão, e, no sétimo dia, (as festas em Israel normalmente duravam uma semana) dão-se sete voltas ao redor de Jericó. O grito de guerra (em hebraico se diz *teruá*) é uma aclamação a Javé, guerreiro vitorioso.

A essas alturas, e com esse tipo de leitura feita pela História Deuteronomista, percebem-se novas tintas colorindo a história de Israel. E não se leva tanto em conta o possível impasse colocado pela arqueologia, que afirma: a Jericó do tempo de Josué não tinha muralhas! Só os fundamentalistas é que podem ficar encabulados!

> **Para rezar**
> Reze o Salmo 114 (113) na perspectiva daquilo que acabamos de apresentar. E lembre-se do recado do Deuteronômio: "Com Deus a história é uma maravilha!"

II. ABRINDO O LIVRO DE JOSUÉ

Os 24 capítulos que compõem o livro de Josué podem ser agrupados basicamente em duas partes, com dois temas dominantes. Os capítulos de 1 a 12 tratam da conquista da terra, e os capítulos de 13 a 24 apresentam a partilha do território entre as tribos, criando um novo regime de governo, totalmente diferente do regime das cidades-estado.

1. Uma nova ponte e conquista da terra (capítulos de 1 a 12)

O começo do livro de Josué cria uma nova ponte que o une ao livro do Êxodo. As coincidências são evidentes: Moisés é substituído por Josué, e Deus promete estar com ele como esteve com Moisés. A passagem do mar Vermelho (livro do Êxodo) tem seu paralelo na travessia do rio Jordão (livro de Josué). A Páscoa celebrada na noite em que o povo saiu do Egito (Êxodo 12) é agora celebrada na entrada da terra prometida. Assim como Moisés havia enviado homens para explorar a terra de Canaã (Números 13), Josué envia espiões a Jericó, e assim por diante.

Raab
A história da prostituta Raab é muito importante na vida do povo de Deus (Josué, capítulo 2 e 6,22-25), a ponto de ser lembrada por Mateus como antepassada de Jesus (veja Mateus 1,5). Mais que uma pessoa concreta, Raab pode estar representando um grupo étnico que foi incorporado a Israel: "A prostituta Raab, bem como a casa do pai dela e todos aqueles que lhe pertenciam, foram preservados por Josué. E ela habitou no meio dos israelitas até hoje, pois havia ocultado os mensageiros que Josué enviou para espionar a cidade de Jericó" (Josué 6,25). O mesmo processo de assimilação deve ter acontecido com os habitantes de Gabaon (Josué, capítulo 9).

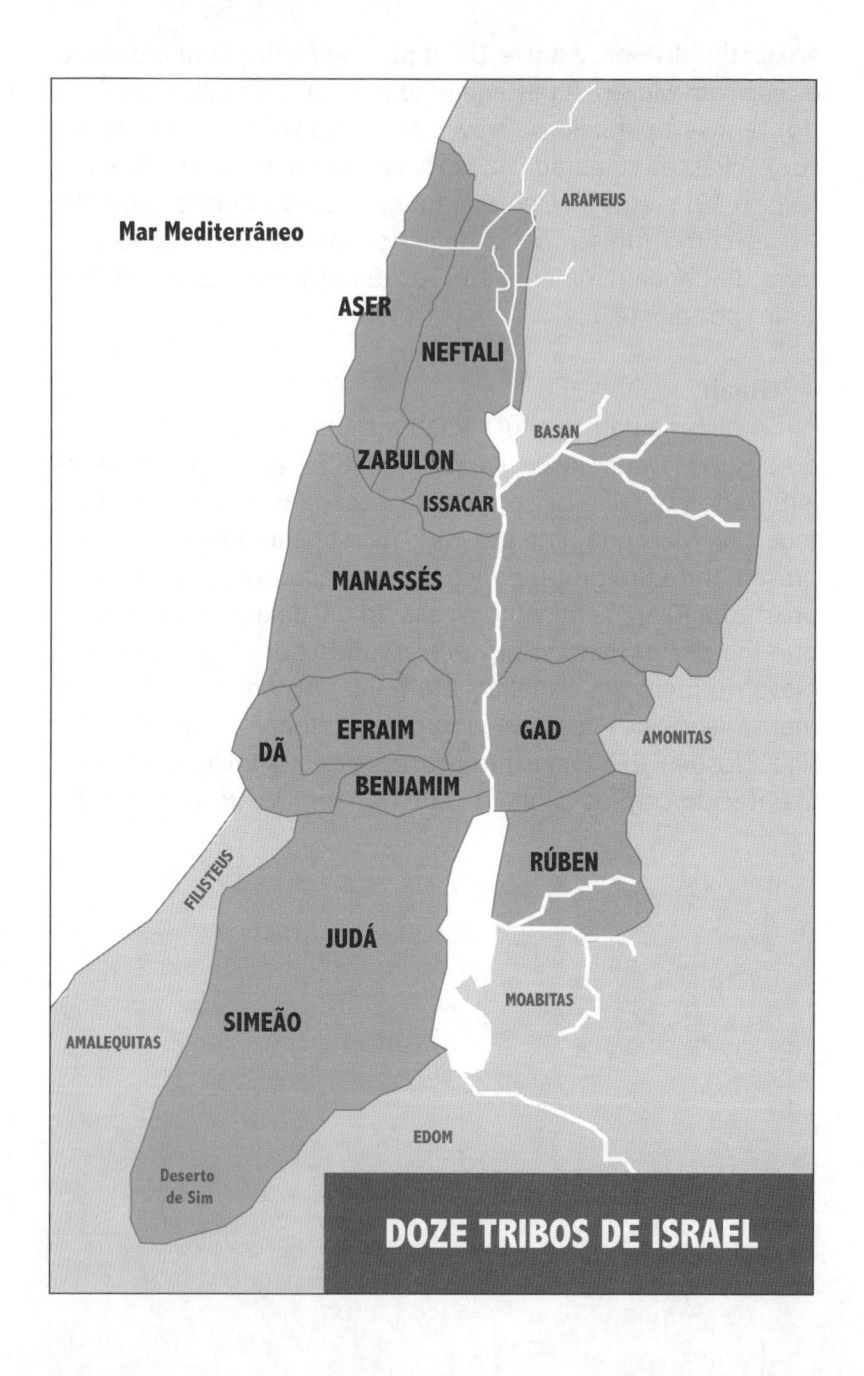

História Deuteronomista

DOZE TRIBOS DE ISRAEL

O livro de Josué

> **Exercício**
> Abra sua Bíblia a partir do capítulo 6 do livro de Josué e marque a ordem em que foram conquistadas as cidades de Canaã:
>
> ( ) Hai (capítulo 8)
>
> ( ) Hebron (capítulo 10)
>
> ( ) Hasor (capítulo 11)
>
> ( ) Laquis (capítulo 10)
>
> ( ) Maceda (capítulo 10)
>
> ( ) Merom (capítulo 11)
>
> ( ) Lebna (capítulo 10)
>
> ( ) Jericó (capítulo 6)
>
> ( ) Eglon (capítulo 10)
>
> ( ) Dabir (capítulo 10)
>
> ( ) Gazer (capítulo 10)

Resposta: 2; 8; 11; 4; 3; 10; 5; 1; 7; 9; 6.

2. Partilha da terra (capítulos de 13 a 24)

A segunda parte do livro de Josué se caracteriza pela distribuição da terra entre todas as tribos de Israel. Na primeira parte, todos participaram da conquista; agora, a terra conquistada é repartida igualitariamente entre todos. Assim, as antigas promessas de Deus, feitas a Abraão e seus descendentes, tornam-se realidade mediante o esforço e a partilha entre todos. Além disso, a distribuição igualitária das terras é portadora de uma novidade totalmente distinta da organização social das cidades-estado cananeias. As promessas de Deus se realizam mediante a colaboração das pessoas.

Mudanças à vista

Os nomes oficiais das doze tribos sofreram alguma alteração em relação aos doze filhos de Jacó. Observe o quadro comparativo abaixo:

Filhos de Jacó	Tribos de Israel
Rúben	Rúben (13,15ss)
Gad	Gad (13,24ss)
Judá	Judá (15,1ss)
José	**Efraim (16,1ss)**
Levi	**Manassés (13,29ss; 17,1ss)**
Benjamim	Benjamim (18,11ss)
Simeão	Simeão (19,1ss)
Zabulon	Zabulon (19,10ss)
Issacar	Issacar (19,17ss)
Aser	Aser (19,24ss)
Neftali	Neftali (19,32ss)
Dã	Dã (19,40ss)

E Levi? Sendo tribo sacerdotal, os descendentes de Levi não tiveram um território próprio, mas cidades em cada uma das tribos.

A partilha igualitária da terra entre todas as tribos comportou também uma mudança no modo de organizar a sociedade. Esse modo era algo novo e totalmente oposto à organização social das cidades-estado. Existia uma espécie de liga das tribos, que articulava as outras unidades autônomas, a saber, a tribo, a associação protetora e a casa-do-pai. Havia assembleias periódicas, nas quais todas as tribos se reuniam para celebrar a aliança (veja, por exemplo, capítulo 24), e, nessas assembleias, examinava-se a caminhada das tribos e criavam-se as leis de acordo com as necessidades do momento.

Os levitas, que não tinham território próprio, mas possuíam cidades em cada tribo, desempenhavam um papel importante nesse processo, sendo também encarregados das celebrações e da conservação das tradições populares.

Não havia um exército permanente. Caso se fizesse necessário defender algum território, recrutavam-se voluntários para a causa comum. Esses soldados eram dirigidos por um líder espontâneo, e, terminada a guerra, cada qual voltava para sua tribo. Isso se torna mais claro no livro dos Juízes.

Havia também assembleias próprias para cada tribo. Nelas, faziam-se celebrações, conservavam-se as tradições regionais e, se fosse o caso, convocava-se o povo para uma guerra regional. Além disso, em cada tribo, podemos encontrar assembleias de anciãos, representantes do povo que tomavam as decisões mais importantes para a própria tribo, julgavam os pleitos (veja as cidades de refúgio no começo do capítulo 20) e organizavam a distribuição das sobras: não havendo moeda entre as tribos, a economia funcionava em base à troca de bens, e o excedente era destinado às pessoas carentes.

A instância logo abaixo da tribo chamava-se associação protetora, e era composta de mais ou menos 50 casas-do-pai. Os chefes dessas casas coordenavam a associação protetora e tinham as seguintes preocupações ou tarefas: ajuda mútua do ponto de vista econômico, recrutamento militar quando necessário, celebrações religiosas locais, criação de leis segundo a necessidade do lugar e, finalmente, cuidavam dos acordos matrimoniais.

Abaixo da associação protetora encontrava-se a casa-do-pai. Era a unidade primária residencial e econômica. Reunia mais ou menos 50 pessoas, entre casais, filhos solteiros e parentes. Normalmente os casamentos aconteciam dentro dessa parentela. A casa-do-pai era praticamente autossuficiente do ponto de vista da produção, da distribuição e do consumo daquilo que produziam no campo e na pecuária. Além disso, a casa-do-pai era a responsável primeira pela educação de todo israelita. Era ali que as crianças recebiam as instruções básicas acerca de seu dever de israelita e das convicções que orientariam sua vida. Nesse ambiente, celebrava-se a Páscoa, a festa maior.

> **Confira**
> Para aprofundar aquilo que foi dito, veja o Salmo 78 (77), versículos 1 a 8.
>
> * * *
>
> Numa folha, faça um resumo do livro de Josué. Anote as descobertas e as dúvidas que restaram. Não se esqueça de que o estudo da Bíblia é uma atividade que não termina. Além disso, lembre-se: o livro de Josué é o início de um bloco de seis livros, que juntos formam a História Deuteronomista. Seria interessante que você desse continuidade a esse estudo na seguinte sequência: Juízes, 1 e 2 Samuel, 1 e 2 Reis.

7
O livro dos Juízes

I. ANTES DE ABRIR O LIVRO

1. A história continua...

O livro dos Juízes, que na Bíblia vem logo depois de Josué, pertence a um conjunto de livros que os especialistas chamam de História Deuteronomista: Josué, Juízes, 1 e 2 Samuel, 1 e 2 Reis. Esses seis livros cobrem o tempo que vai de aproximadamente 1220 antes de Jesus nascer até o exílio na Babilônia (que durou de 586 a 538 antes de Cristo). Em outras palavras, a História Deuteronomista começa com a posse da Terra Prometida (livro de Josué) e termina com a perda, quando o Reino do Sul foi destruído pelos babilônios e sua população levada para o cativeiro.

Esses seis livros são chamados de História Deuteronomista também porque são inspirados pelo livro do Deuteronômio. Vamos ver isso de perto. A parte central desse livro nasceu no Reino do Norte e a seguir levada ao Reino do Sul. Esquecida no Templo de Jerusalém, foi descoberta no tempo do rei Josias (640-609), provocando uma reforma política e religiosa (veja 2 Reis 22-23). Do ponto de vista político, o rei Josias estende sua autoridade sobre uma parte do antigo Reino do Norte, desaparecida há um século. Do ponto de vista religioso, um dos principais resultados é a criação de uma tradição inspirada no livro do Deuteronômio, que começa a escrever parte da História Deuteronomista, ou seja, o período da história que vai do rei Salomão (970-931) até a época de Josias.

Mais tarde, durante o exílio na Babilônia (por volta do ano 561 antes de Jesus nascer), esses estudiosos dão acabamento à História Deuteronomista.

O que se pretende ao escrever a História Deuteronomista? O objetivo principal, sem dúvida, é fazer uma análise crítica da história do povo de Deus, desde a posse da terra sob a liderança de Josué, até a perda total da liberdade e da vida no exílio babilônico. Em outras palavras, quer fazer refletir sobre as reais causas que geraram o exílio. Por que chegamos a essa situação? Como explicar a perda da terra, fruto da promessa feita a Abraão e sua descendência? Quem são os principais responsáveis? A resposta vai sendo dada à medida que os seis livros narram essa parte da história. Deus não é certamente o culpado pela desgraça do povo. Os responsáveis são outros.

A História Deuteronomista tem, portanto, uma sequência interessante:

Livro(s) da Bíblia	Época	Promessa	Resultado
Josué	Conquista da terra	Realização	Bênção divina
Juízes a 1Sm 12	Juízes	Riscos	Bênção/maldição
1 Samuel 12 a 2Rs 23	Reis	Perda	Maldição (exílio)

2. O livro dos Juízes

Ele traz esse nome, porque seus protagonistas são assim chamados. O livro cobre um período de mais ou menos 200 anos (de 1200 a 1000 aproximadamente). É um dos períodos mais obscuros da história do povo de Deus. No cenário internacional destacam-se pelo menos três acontecimentos importantes. **1.** A chegada dos filisteus a Canaã por volta do ano 1200. Vieram do Oeste e se instalaram no sul de Canaã. Mais fortes que os hebreus, tornaram-se um perigo para as tribos (veja, abaixo, a história de Sansão). Mais tarde, o rei Davi os submeteu. **2.** Três gigantes lutando entre si pela supremacia: o império do Egito, o império assírio e o império hitita. **3.** Em Canaã, as cidades-Estado (veja na página 89) se libertam do domínio egípcio e começam a lutar entre si.

O livro dos Juízes narra a vida das tribos dentro desse período, mas o faz séculos depois, servindo-se de materiais antigos transmitidos oralmente e por escrito. A obra demorou muito tempo para ser completada. Podemos detectar três fases. A primeira é anterior ao exílio babilônico (iniciado em 586). A segunda é do tempo do exílio (encerrado em 538) e é a parte propriamente dita da História Deuteronomista. Pode ser vista em Juízes 2,6 a 16,31. A terceira é posterior ao exílio, e tem as marcas da tradição sacerdotal (1,1 a 2,5 e capítulos 17 a 21). Esta última tinha grande interesse na organização dos judeus quanto ao culto e à vida civil.

3. A organização das tribos

> Reveja o texto sobre "A partilha da terra" (p. 93-95)

4. O que pretendiam os autores da História Deuteronomista (2,6-16,31)

Em primeiro lugar, pretendiam oferecer uma chave de leitura da história. Todavia, não se trata de qualquer chave e, sim, da chave por excelência do ponto de vista religioso. A história do povo é resultado de uma parceria entre Deus e seu aliado, o povo de Israel. Constroem juntos a história como consequência da aliança selada entre eles. Trata-se de dois parceiros com características diferentes: Deus é permanentemente fiel; o povo oscila entre fidelidade e infidelidade. Quando o povo é fiel, a história toma um rumo feliz; quando é infiel, a história do povo é marcada pela infelicidade.

> **Comprove**
> No livro dos Salmos há três salmos nitidamente históricos, ou seja, contam parte da história que Deus e o povo constroem juntos. São os Salmos 78, 105, 106. Cada um tem uma visão própria da história. O Salmo 78 tem uma visão otimista/pessimista: otimista quando focaliza a fidelidade de Deus; pessimista quando ressalta a infidelidade do povo. O Salmo 105 mostra uma visão otimista e positiva da história, pois aí se sublinha a ação do Deus fiel. O Salmo 106, ao contrário, vê a história de modo pessimista, pois ressalta a infidelidade do povo.

Outra finalidade ao se escrever a História Deuteronomista era justificar por que seus autores não apoiavam o regime monárquico. De fato, lendo o começo da monarquia (1 Samuel 8) e o fim (por ocasião da queda de Jerusalém em 586), não resta dúvida alguma: os reis do Norte, em primeiro lugar e, a seguir, os reis do Sul são os principais responsáveis pela desgraça do povo, concretizada no exílio babilônico com o consequente desaparecimento da monarquia. O poder político, muitas vezes apoiado pelo poder econômico e religioso, é, portanto, o principal responsável pela perda da liberdade e da terra.

Outro objetivo, menos visível, mas igualmente importante, era o de sublinhar a importância de se ouvir os profetas. De fato, com o exílio na Babilônia, o movimento profético tende a desaparecer. O motivo parece ser este: quase todos os profetas dirigiam suas críticas contra o poder político, realidade ambígua e oposta ao arranjo social das tribos. Os profetas sempre sonharam com esse tempo de ouro, pervertido pela monarquia. Desaparecendo a monarquia, os profetas vão minguando aos poucos. Desde o surgimento do movimento profético com Samuel, que foi também juiz, os profetas foram o toque de alarme contra os desmandos dos reis. O cativeiro na Babilônia pode, então, ser entendido como resultado do descaso pelos profetas.

5. O que pretendiam os autores da tradição sacerdotal (1,1-2,5; capítulos de 17 a 21)

A tradição sacerdotal foi se formando a partir do exílio na Babilônia e tornou-se forte depois que o povo retornou à Judeia. De fato, depois do exílio, os repatriados foram governados por sacerdotes. Daí a importância da tradição sacerdotal e sua influência na redação final do livro dos Juízes. Podemos, então, perguntar-nos quais os motivos da tradição sacerdotal ao dar sua contribuição nesse livro.

Em primeiro lugar, e contra os autores da História Deuteronomista, pretendia puxar o tapete do sistema tribal. A melhor organização social é a que contempla a presença e a liderança de um rei, e a tribo de Judá (que assimila a tribo de Simeão) é o legítimo sucessor de Josué (1,1 e seguintes). Várias passagens (17,6; 18,1; 19,1; 21,25) lamentam a ausência de um rei que comande o povo e diga o que se deve ou não fazer. Pensam: quando não há rei, cada um faz o que bem entende.

Em segundo lugar, pretende-se dar uma explicação religiosa para a presença dos cananeus na região, derrotados tempos depois pelo rei Davi. A primeira explicação encontra-se em 2,1-3: um anjo do Senhor fala em nome de Deus: Israel foi desobediente, não destruindo os altares cananeus; ao contrário, fez aliança com eles.

Em terceiro lugar, e reforçando a primeira justificativa, lança-se descrédito sobre as tribos do Norte, que não são confiáveis. De fato, os capítulos 17 e 18 ridicularizam a tribo de Dã; e os capítulos de 19 a 21 lançam descrédito sobre a tribo de Benjamim.

II. OLHANDO DE PERTO O LIVRO

1. A liderança de Judá (1,1-2,5)

O começo do livro dos Juízes (1,1-2,5) é de tradição sacerdotal pós-exílica (o exílio terminou em 538). Salienta, como vimos, a liderança da tribo de Judá como legítima sucessora de Josué na conquista e posse da terra. Citam-se algumas tribos do Norte que não conseguiram submeter ou expulsar os cananeus: as tribos de Manassés, Efraim, Zabulon, Aser e Neftali. Dá-se uma justificativa para a presença dos cananeus, pedra no sapato das tribos: os cananeus continuam ocupando a Terra Prometida, porque os hebreus não lhes destruíram os lugares de culto (2,2-3).

> **Baal e Astarte**
> Reveja o texto nas páginas 77 e 78.

2. A história é como uma gangorra (2,6-16,31)

A parte central do livro pertence à História Deuteronomista, cujos objetivos já analisamos. As justificativas da presença dos cananeus são diferentes. Em primeiro lugar, os cananeus continuam aí para servir de tentação para Israel, a fim de ver se Israel segue ou não o caminho de Deus (2,22). A segunda justificativa se encontra em 3,1-2: para ensinar às novas gerações dos israelitas as táticas militares, a fim de torná-los hábeis para a guerra.

> **Lugares altos**
> Reveja o texto nas páginas 77 e 78.

Vem, a seguir, o relato das façanhas dos Juízes. São memórias de heróis populares que, em determinado momento, lideram parte do povo numa guerra de libertação. A história desses heróis segue uma dinâmica comum: o povo peca, aderindo aos cultos estrangeiros (a religião dos cananeus), Deus se irrita e o entrega nas mãos do inimigo, o povo clama, arrependido, e Deus suscita um libertador. Alternam-se momentos de vida e momentos de privação. A história parece uma gangorra.

O livro dos Juízes

> **Massebá e Aserá**
> Massebá era símbolo masculino do culto cananeu. Era normalmente um poste de pedra (estela), fincado na terra, representando Baal inseminando Astarte. A Aserá representava a divindade feminina. Era um pedaço de madeira ou árvore verde. Costumava-se amarrar juntos esses dois objetos, representando a relação sexual.

Os Juízes podem ser divididos em dois grupos: o grupo dos líderes militares ocasionais e o grupo dos administradores permanentes da justiça. Os líderes militares ocasionais são basicamente estes: Otoniel (3,7-11); Aod (3,12-30); Samgar (3,31); Débora e Barac (capítulos 4 e 5); Gedeão (capítulos 6 a 8); Jefté (10,6 a 12,7); Sansão (capítulos 13 a 16).

Alguns desses líderes militares ocasionais são também administradores permanentes da justiça. É o caso de Jefté (12,7) e Débora (4,4-5). Os administradores permanentes da justiça foram: Tola e Jair (10,1-5); Jefté; Abesã; Elon e Abdon (12,7-15).

Reconstrua o quadro, assinalando a(s) função/funções de cada um dos Juízes. Marque A para administrador da justiça e L para líderes militares ocasionais.

Abdon	( )	( )	Jair	( )	( )
Abesã	( )	( )	Jefté	( )	( )
Aod	( )	( )	Otoniel	( )	( )
Barac	( )	( )	Samgar	( )	( )
Débora	( )	( )	Sansão	( )	( )
Elon	( )	( )	Tola	( )	( )
Gedeão	( )	( )			

Resposta: Abdon (A); Abesã (A); Aod (L); Barac (L); Débora (L); Elon (A); Gedeão (L); Jair (A); Jefté (A) (L); Otoniel (L); Samgar (L); Sansão (L); Tola (A).

A história de Sansão (capítulos 13 a 16). A história de Sansão é certamente a mais conhecida dentre todos os Juízes. Em que pesem os papéis de Débora e Jael, duas mulheres audaciosas e vencedoras, a figura de Sansão povoa a memória do povo de Deus como herói ímpar, chegando até nossos dias.

Herói vencedor e, por fim, vencido, continua despertando curiosidade, admiração e interesse de muitos. Seus inimigos são os filisteus; seu nascimento é extraordinário; sua vida, um mistério. Consagrado a Deus por toda a vida, mediante o voto de nazireato, parece ter prazer em violar seus votos. Lendo sua história, nós o encontramos bebendo vinho nos banquetes, comendo mel, contaminado por ter sido tirado de uma carcaça de leão, casando-se com mulheres estrangeiras, entregando a Dalila sua cabeleira intocável...

> **Nazireato**
> Reveja o texto na página 62.

Sansão é figura simpática. É herói frágil. Possui força extraordinária, ao mesmo tempo que carrega consigo pontos fracos. Não é fiel a seu voto de nazireato, e, mesmo assim, Deus serve-se dele para libertar o povo da dominação filisteia. Sob certo aspecto, pode ser chamado de anti-herói, pois acaba morrendo ao final da história. Do ponto de vista da solidariedade, alcança mais elevado grau: para salvar o povo entrega a própria vida.

Você deve ter ouvido falar de Sansão. Teste, portanto, seus conhecimentos, assinalando verdadeiro (V) ou falso (F) aquilo que se afirma a seguir:

1. A mãe de Sansão era estéril. ( )
2. Um anjo do Senhor anunciou-lhe que ficaria grávida e daria à luz um filho. ( )
3. A primeira mulher de Sansão era judia. ( )

4. Certa vez, indo a Tamna, Sansão matou um leão, despedaçando-o com as mãos. ( )
5. Tempos depois, passando por lá, encontrou a carcaça do leão vazia. ( )
6. Seduzido pela mulher, Sansão perde a aposta acerca do enigma. ( )
7. A primeira mulher de Sansão foi dada como esposa a outro marido. ( )
8. Ele incendiou os trigais dos filisteus amarrando tochas acesas no rabo de raposas. ( )
9. A segunda mulher de Sansão chamava-se Débora. ( )
10. A força de Sansão residia em sua cabeleira. ( )
11. Dalila descobriu o segredo da força de Sansão, mas não o revelou aos filisteus. ( )
12. Depois que Dalila cortou a cabeleira de Sansão, ele continuou forte como antes. ( )
13. Os filisteus trataram Sansão com respeito. ( )
14. Sansão foi obrigado a girar o moinho para os filisteus. ( )
15. Quando o cabelo de Sansão cresceu, ele derrubou as duas colunas centrais do templo de Dagon, deus dos filisteus, e morreu, matando muita gente. ( )

Respostas: 1. V; 2. V; 3. F; 4. V; 5. F; 6. V; 7. V; 8. V; 9. F; 10. V; 11. F; 12. F; 13. F; 14. V; 15. V.

3. No começo era assim... (capítulos 17 e 18)

Vimos, acima, que os capítulos 17 e 18 pertencem à tradição sacerdotal, que, entre outras coisas, afirmava que as tribos do Norte (neste caso, Efraim) não eram confiáveis. A tradição sacerdotal age dessa forma, porque acredita que, somente em Jerusalém e, mais especificamente, em seu Templo, é que se pratica a verdadeira religião.

Lendo esses capítulos nas entrelinhas, descobrimos algo interessante, ou seja, como era celebrada a religião de Javé antes da centralização do culto em Jerusalém, isto é, antes que surgisse o regime monárquico. A religião de Javé era celebrada no âmbito da família, e o pai fazia as vezes do sacerdote. Na falta deste, o culto era presidido pela mãe. Mais tarde, visto que os descendentes de Levi não tinham um território próprio como as demais tribos, começaram a exercer essa atividade sacerdotal nas famílias, nelas residindo e ganhando o próprio sustento. Não havendo santuários locais, a casa tornava-se o próprio santuário.

4. Solidariedade, ato sagrado (capítulos de 19 a 21)

Também os capítulos de 19 a 21 pertencem à tradição sacerdotal. Ela os conservou com o mesmo objetivo do episódio anterior: mostrar que as tribos do Norte não eram merecedoras de confiança e sublinhar a necessidade de um rei, pois, quando não há um governo central, cada um faz o que quer, e isso conduz ao caos.

Mas também aqui podemos ler algo interessante nas entrelinhas. Em primeiro lugar, salienta-se que a hospitalidade é algo sagrado, desde os tempos do patriarca Abraão. Os habitantes de Gabaá e os benjaminitas transgridem esse ato sagrado. A reação das demais tribos é descrita no capítulo 20: os infratores são eliminados quase por completo. Todavia, também o desaparecimento de uma tribo seria algo extremamente grave. Por isso, o capítulo 21 salienta a necessidade de preservar a tribo transgressora, pois justiça sempre comporta uma dose de compaixão e de piedade.

8
Os livros de Samuel

I. ANTES DE ABRIR OS LIVROS

Quem foi Samuel?

Samuel é um dos personagens mais importantes do Antigo Testamento. Desempenhou ao longo da vida as funções de sacerdote, de juiz e de profeta. No Antigo Testamento, há dois livros chamados de "Livros de Samuel". Na Bíblia Hebraica, esses dois livros pertencem a um conjunto chamado de "Profetas Anteriores", em oposição aos livros que nós chamamos de proféticos.

Foi Samuel quem escreveu esses dois livros?

Não. Os livros recebem esse nome, porque Samuel é sua personagem principal, pelo menos em boa parte da obra. A origem desses dois livros é muito interessante. De fato, antes de aparecerem por escrito, esses acontecimentos existiam de forma oral, espalhados entre as tribos de Israel. Na época do exílio na Babilônia, eles receberam seus últimos retoques. Nós já sabemos que o exílio na Babilônia começou no ano 586 antes de Jesus nascer e terminou no ano 538.

História Deuteronomista

Essa é uma época muito fecunda do ponto de vista da produção literária.

Exatamente. E é nessa época que a História Deuteronomista, à qual pertencem os dois livros de Samuel, recebe seu acabamento. Você encontrará mais informações a respeito dessa história ao ler, nesta coleção, o que foi dito acerca do livro de Josué e do livro dos Juízes. De fato, trata-se de uma série de livros iniciada com Josué e que se prolonga até o final do segundo livro dos Reis...

... E se chama História Deuteronomista porque se inspira num livro chamado Deuteronômio e, mais especificamente, na visão de história contida nesse livro.

É verdade. O livro do Deuteronômio proclama que a história de Israel com Deus será uma história bem-sucedida, ao passo que sem Deus essa história é destinada ao fracasso. Ditas num contexto de exílio, essas palavras adquirem um peso particular, pois o exílio serviu como um longo exame de consciência. De fato, nessa situação, o povo havia perdido aquilo que tanto sonhara e que fazia parte das grandes promessas de Deus: a posse da terra, na liberdade.

Pois é. Apesar de tudo, o exílio serviu para algo de bom...

E ajudou o povo a tomar consciência de que liberdade e terra são dons que não podemos depreciar. No exílio perguntava-se "Por que chegamos a essa situação?" "Onde estão nossos principais erros?" "Quem são os responsáveis primeiros por tudo isso?"

Os dois livros dos Reis, que fecham a História Deuteronomista, ajudam a compreender melhor essa catástrofe e suas causas. Os grandes responsáveis foram os reis de Judá (Reino do Sul) e de Israel (Reino do Norte). Todavia, o povo exilado não podia eximir-se de responsabilidade. É o que garante o profeta Ezequiel, companheiro dos exilados na Babilônia (veja o capítulo 18 de Ezequiel).

Qual a relação entre Samuel e o surgimento da monarquia?

Samuel situa-se na passagem do sistema igualitário das tribos para o regime tributário dos reis. Mais adiante veremos isso detalhadamente. Desde já, porém, é importante ter presentes as três funções de Samuel: enquanto pertencente ao sistema igualitário das tribos, ele se caracteriza como juiz, administrando a justiça para o povo; enquanto pertencente ao regime tributário dos reis, ele se mostra profeta, ou seja, torna-se a sentinela que vigia os desmandos do poder, centralizado nas mãos de uma única pessoa, o rei.

E a função de sacerdote?

Samuel é sacerdote no santuário local de Silo, cerca de 40 quilômetros ao norte de Jerusalém. Nessa época, ainda não existe o Templo de Jerusalém, que será construído pelo rei Salomão. O que existe são santuários locais, onde acontecem as grandes assembleias das tribos e oficiam sacerdotes. As festas, como a da Páscoa, eram celebradas nas famílias. O surgimento do Templo com seus servidores pretende acabar com os santuários locais e as liturgias domésticas.

Qual o período da história de Israel contemplado pelos livros de Samuel?

Os livros de Samuel narram acontecimentos que vão de 1040 a 971 antes de Jesus nascer. É um período relativamente breve, porém de fundamental importância para a história do povo de Deus no Antigo Testamento. De fato, é com o surgimento da monarquia que podemos afirmar que Israel passa a ser propria-

História Deuteronomista

mente uma nação, com poder político e judiciário, concentrado nas mãos de uma pessoa, o rei. Isso significa perigo à vista, pois se o rei faz o bem, o povo vive bem; porém, se o rei age mal...

O livro de Rute se situa antes dos livros de Samuel. Por que não pertence à História Deuteronomista?

O livro de Rute pertence a outro conjunto de livros que chamamos de "Novelas Bíblicas", juntamente com Tobias, Judite, Ester e Jonas. Em nossas Bíblias, localiza-se entre Juízes e 1 Samuel simplesmente por situar os acontecimentos por ele narrados na época dos Juízes e pela breve genealogia final, que se encerra com o rei Davi. Todavia, o livro de Rute é mais ficção do que história e deve ter sido escrito depois da redação final da História Deuteronomista.

Teste seus conhecimentos

Nos pares assinalados abaixo, há pares que combinam e pares que não combinam. Assinale com OK aqueles que podem permanecer unidos e com X aqueles que não combinam.

Rute + História Deuteronomista	( )
Samuel + santuário de Silo	( )
Monarquia + liberdade	( )
História Deuteronomista + exílio	( )
Sistema das tribos + Templo de Jerusalém	( )
Exílio + profeta Ezequiel	( )
Samuel + juiz e profeta	( )
Livros de Samuel + autoria de Samuel	( )
1040-971 a.C. + exílio na Babilônia	( )
História com Deus + felicidade	( )

Resposta: (X); (OK); (X); (OK); (X); (OK); (OK); (X); (X); (OK).

II. OLHANDO OS LIVROS DE PERTO

Os livros de Samuel podem ser divididos em seis unidades: **1.** 1 Samuel, capítulos de 1 a 7: o fim do sistema igualitário das tribos; **2.** Capítulos de 8 a 11: o surgimento do sistema tributário dos reis; **3.** Capítulos de 12 a 15: os perigos do poder centralizado nas mãos de uma pessoa; **4.** 1 Samuel de 16 a 2 Samuel 1: o surgimento do líder popular (Davi); **5.** Capítulos de 2 a 20: a fundação do Estado sob o rei Davi; **6.** Capítulos de 21 a 24: o papel da autoridade política.

1. O fim do sistema igualitário das tribos (1Sm 1 a 7)

O primeiro livro de Samuel se inicia com a narrativa da infância do personagem que empresta seu nome ao livro. Samuel é filho de Elcana e de Ana, e sua concepção e nascimento assemelham-se à concepção e ao nascimento de outros personagens igualmente importantes na história do povo de Deus. De fato, Ana é estéril, à semelhança de Sara, esposa de Abraão, e, como a antiga matriarca, desprezada pela escrava Agar, também Ana é desprezada pela segunda esposa de Elcana, chamada Fenena, por causa de sua esterilidade.

Numa peregrinação ao santuário de Silo, onde se encontrava o sacerdote Eli, Ana se detém por muito tempo a rezar sua dor e seu sofrimento. Nessa ocasião, o sacerdote Eli lhe pede para confiar no Senhor. Voltando para casa, Ana concebe e dá à luz um menino, chamando-o Samuel, nome que significa "Deus escuta". A oração de agradecimento de Ana (2,1-10) é uma das mais belas em todo o Antigo Testamento e serve de inspiração inclusive para o hino de louvor de Maria de Nazaré, conhecido como Magnificat.

Ana fica tão contente com o nascimento de Samuel, que resolve consagrá-lo a Javé. Samuel, então, assemelha-se a outros importantes consagrados, por exemplo Sansão, e passa a residir, desde criança, no santuário de Silo, onde oficiava como sacerdote Eli, que tinha dois filhos, Hofni e Fineias.

História Deuteronomista

Desde pequeno, a palavra de Javé lhe é dada a conhecer. Conteúdo essencial dessa palavra é o anúncio do fim da família do sacerdote Eli. O comportamento de seus dois filhos deixa entrever como a corrupção e o abuso de poder infiltraram-se no sistema igualitário das tribos. De fato, Hofni e Fineias desrespeitavam as regras referentes às carnes reservadas aos sacerdotes. Em outras palavras, apropriavam-se daquilo que não lhes pertencia, fazendo ameaças violentas (2,12-17). Em segundo lugar, eles deitavam-se com as mulheres que permaneciam à entrada da Tenda da Reunião (2,23). Seu pai, avisado pelas pessoas, inutilmente tentava corrigir o comportamento de seus filhos. Três, portanto, são as faltas dos filhos de Eli, cometidas contra os mandamentos: desrespeitar a autoridade paterna, prostituição, cobiça e apropriação daquilo que não lhes pertencia.

Como se sabe, os Dez Mandamentos são a Constituição do povo de Deus, Carta Magna que permite construir um tipo de sociedade sem exclusões e sem injustiças. Ora, quando os filhos de Eli, a autoridade sacerdotal mais importante, corrompem-se e dão mau exemplo, o sistema igualitário das tribos começa a desmoronar.

O povo começa a sofrer as consequências e sonha com a mudança de regime, pensando que as coisas melhorarão se adotarem um regime de governo semelhante ao dos países vizinhos. É o que mais tarde pedirão os anciãos de Israel a Samuel: "Queremos um rei para que administre a justiça entre nós".

No tempo de Eli, a Arca da Aliança, símbolo da presença de Javé no meio de seu povo, é sequestrada pelos filisteus, povo vizinho a Israel, militarmente mais forte. O sequestro da Arca (capítulo 4) é sinal de alerta: Javé não se agrada com o comportamento de seu aliado Israel.

> **Filisteus**
> Os filisteus (a palavra "Palestina" deriva deste nome) eram um povo muito antigo que se instalou no litoral da Palestina, constituindo a Pentápole (= cinco cidades): Azoto, Ascalon, Acaron, Gat e Gaza. Ainda hoje ouvimos falar da "Faixa de

Gaza", local que recorda onde habitavam os filisteus. Por cerca de 150 anos foram superiores aos israelitas, detendo inclusive o monopólio do ferro (armas e utensílios). Os filisteus foram submetidos definitivamente pelo rei Davi.

2. O surgimento do sistema tributário dos reis (1Sm 8 a 11)

Por causa da corrupção de suas lideranças (os filhos de Eli e, mais tarde, Joel e Abias, filhos de Samuel e juízes em Bersabeia), o sistema igualitário das tribos acaba. Os anciãos de Israel pedem a Samuel que constitua um rei, como acontece nas outras nações. Nitidamente, Samuel é contrário à instituição da realeza, e Javé declara que pedir um rei terreno é o mesmo que tirar a realeza de Deus: "Atenda a tudo o que o povo pede, pois não é a você que eles rejeitam, mas a mim, pois não querem mais que eu reine sobre eles" (8,7).

Salmos da realeza do Senhor
Ao longo da história do povo de Deus, sempre houve um movimento antimonárquico perdedor, provavelmente iniciado por Samuel. Esse movimento, apoiado por muitos profetas, não queria que se instaurasse em Israel a monarquia, pois essa mudança de regime significava abandonar o verdadeiro rei de Israel, Javé. Vários salmos se inspiram nessa ideia. São os salmos conhecidos como "Salmos da realeza do Senhor": 47; 93; 96; 97; 98; 99.

O capítulo 8 é de capital importância para entender a visão da História Deuteronomista. De fato, copiando o modelo de governo dos povos vizinhos (filisteus e Egito), Israel está construindo a própria ruína, que se concretizará no exílio babilônico, tendo os reis como principais responsáveis por essa catástrofe.

Samuel teve de ceder à implantação da monarquia. Porém, desde o começo, deixa bem claro quais são os "direitos" do rei. Em outras palavras, mostra que o regime monárquico é no mínimo ambíguo, pois é um risco pôr nas mãos de uma única pessoa todas as decisões referentes a todo o povo. 1 Samuel 8,10-17 denuncia o "direito" do rei. Em primeiro lugar, recorda-se a constituição de um exército permanente e da corrida armamentista: "O rei vai convocar os filhos de vocês e encarregá-los de seus carros de guerra e de sua cavalaria; ele vai nomeá-los chefes de mil e chefes de cinquenta... Ele os obrigará a fabricar suas armas de guerra e as peças de seus carros. Em segundo lugar, as terras serão confiscadas, e os filhos, outrora ajudantes de seus pais nos próprios terrenos, serão obrigados a trabalhar as terras do rei, preparando-as para o cultivo e colhendo os produtos. Confiscará os campos, os parreirais, os melhores olivais, a fim de dá-los a seus oficiais. Daquilo que restar em termos de terrenos, cobrará dízimo das sementes e das vinhas, para engordar os bolsos de seus funcionários. Exigirá o dízimo dos rebanhos. As filhas serão arrancadas das próprias famílias para trabalhar nos palácios como perfumistas, cozinheiras e padeiras. Tomará para seu serviço os melhores empregados e empregadas, adolescentes e jumentos. Em síntese, o povo se tornará escravo do rei!"

As previsões de Samuel se confirmaram no tempo do rei Salomão (veja 1 Reis, capítulos 4 e 5). De nada adiantaram as sinistras previsões de Samuel. O povo estava decidido a ter um rei: "Nós teremos um rei e seremos como as outras nações. Nosso rei exercerá a justiça e comandará nossos exércitos nas guerras" (8,19b-20). Desde já se notam as duas características principais do chefe de Estado: administrar a justiça e comandar as forças armadas. Numa expressão: exercer a justiça, internamente – defendendo os pequenos da ganância dos grandes e poderosos – e externamente – defendendo o povo e o país das agressões internacionais.

Fiquemos bem atentos a essas duas características da monarquia, pois quase nunca foram exercidas. Assim sendo, entende-se melhor o papel dos profetas, a partir de Samuel.

De fato, com o surgimento da monarquia, ele perde a função de juiz, ocupada agora pelo rei. E torna-se, sobretudo, profeta, ou seja, crítico dos desmandos do monarca, que concentra em suas mãos todos os poderes e, às vezes, legisla em benefício próprio.

Como dissemos, a monarquia tem apoiadores e opositores. O movimento a favor da monarquia encontra-se em 1 Samuel 9,1-10,16; capítulo 11; o movimento contrário à monarquia se manifesta em 1 Samuel 8; 10,17-27.

Há duas versões acerca do primeiro rei de Israel, Saul. A narrativa de 9,1-10,16 supõe que Saul tenha sido ungido ainda jovem e que sua unção tenha ficado secreta, como a unção de Davi. Com certeza, Samuel ungiu Saul como rei, mas a circunstância não é clara. A outra versão afirma que Saul foi designado rei por sorteio (10,17-27).

De qualquer modo, Saul é fora de dúvida o primeiro rei de Israel, mas a constituição de um Estado propriamente dito só acontecerá com Davi, que se torna rei sobre todo Israel. Saul se assemelha mais a um líder militar, e sua atividade como rei situa-se entre os anos 1030 e 1010 aproximadamente. Sua residência é em Gabaá e, como líder militar, vence os amonitas e filisteus. Morre em campo de batalha em Gelboé com seu filho Jônatas.

Amonitas
Os amonitas eram um povo de origem arameia, vizinho a Israel. Situavam-se no lado oriental do rio Jordão, onde se estabeleceram por volta do século XII antes de Cristo. As relações entre Israel e Amon nunca foram pacíficas, e tanto Saul quanto Davi combateram os amonitas. Urias, marido de Betsabeia e futura esposa de Davi, morreu combatendo os amonitas.

História Deuteronomista

> **Avaliação**
>
> Avalie seus conhecimentos acerca dessas duas seções, preenchendo os espaços vazios do parágrafo seguinte:
>
> O sacerdote _____ residia no santuário local de _____. A _____ tomou conta de seus dois _____, Hofni e Fineias, provocando o começo do fim do sistema _____ das tribos. Também os filhos de Samuel, _____ eram juízes em Bersabeia. Os anciãos do povo pediram a Samuel um _____. Samuel era _____ à instituição do regime monárquico, pois seria a mesma coisa que rejeitar _____ como único rei de Israel. Samuel mostrou ao _____ os "direitos" do rei: no fim das contas, todos acabariam _____ do rei. O primeiro rei de Israel foi _____, que combateu os _____ e os filisteus. Ele residia em _____ e reinou sobre Israel de _____ a _____, aproximadamente.
>
> <small>Resposta: Eli; Silo; corrupção; igualitário; Joel e Abias; rei; contrário; Deus; povo; escravos; Saul; Amonitas; Gabaá; 1030; 1010.</small>

3. Os perigos do poder centralizado nas mãos de uma pessoa (1Sm 12 a 15)

A despedida de Samuel marca o fim do sistema igualitário das tribos e, ao mesmo tempo, sublinha a função de quem governa. Em 12,1-5, temos uma espécie de testamento do último juiz de Israel: "A partir deste momento o rei comandará o exército de vocês... De quem tomei o boi e de quem tomei o jumento? Por acaso explorei e oprimi alguém? Acaso aceitei suborno para não fazer justiça?" (cf. versículos 2-3).

Notemos os detalhes: Samuel confessa não ter feito justamente aquilo que a monarquia fará dentro em breve: tomar as posses dos outros, explorar e oprimir, aceitando suborno e corrompendo-se. Compare:

Os livros de Samuel

O que Samuel não fez	O que o rei fará
Tomar as posses (boi, jumento)	Tomará posse (campos, vinhas, olivais)
Explorar o povo	Explorar o povo (dízimos de vinhas etc.)
Oprimir o povo	Oprimir (convocar filhos e filhas do povo)
Aceitar suborno	Dar o que é do povo aos grandes do reino

O começo do reinado de Saul é também o começo das sombrias previsões do profeta Samuel. Isso pode ser vislumbrado em dois episódios da vida do primeiro rei.

1. Saul encontra-se em Guilgal à espera da chegada de Samuel, antes de se iniciar a guerra contra os filisteus. A chegada do sacerdote Samuel servirá para garantir, mediante a oferta de um holocausto, o apoio de Javé na luta contra o inimigo.

Samuel, porém, atrasa-se sete dias. Cansado de esperar, o povo vai abandonando a campanha do rei Saul. Ele, então, manda trazer o holocausto, os sacrifícios de comunhão e oferece o holocausto, fazendo as vezes de sacerdote, infringindo a lei. Então Samuel chega. De nada valem as justificativas de Saul, pois ele usurpa a função própria do sacerdote.

Nas entrelinhas detectamos a tentação de usurpar o poder religioso, absolutizando-se (veja o capítulo 13).

2. A segunda tentação é descrita no capítulo 15. Saul está combatendo os amalecitas, com a obrigação de cumprir o voto de extermínio, conhecido como anátema. Pois bem, Saul, após vencer o inimigo e ter aprisionado seu rei Agag, descumpre o voto do extermínio, poupando Agag e tudo o que havia de melhor nos rebanhos de ovelhas e de bois; em síntese, tudo aquilo que havia de bom não foi incluído no anátema.

Anátema
Anátema ou extermínio (em hebraico *hérem*) era uma lei de guerra muito praticada no mundo hebraico antigo. Em sua forma mais antiga, essa palavra representava a destruição total do inimigo como oferta dedicada à divindade. Uma cidade votada ao anátema devia ser completamente destruída com tudo o que nela havia.

O fato de Saul poupar tudo que havia de bom nas cidades dos amalecitas revela uma tendência forte dos detentores do poder, e essa tendência se chama cobiça, além de, no caso de Saul, constituir uma desobediência à vontade de Javé.

4. O surgimento do líder popular (Davi) (1Sm 16 a 2Sm 1)

A ação de Saul desagradou não só a Samuel, mas ao próprio Deus, que rejeita o primeiro rei de Israel.

Quem substitui a Saul no trono é Davi, o mais importante rei que existiu em Israel. Ele é o filho caçula de Jessé e sua unção como rei é um ato secreto que revela um detalhe importante: Samuel estava impressionado com as aparências dos filhos mais velhos de Jessé, mas Deus lhe diz que conhece as pessoas por dentro e não pelas aparências. E o ungido acaba sendo Davi, ainda jovem.

Os critérios de Deus
Os critérios de Deus quase nunca coincidem com os critérios humanos. Isso pode ser visto nas escolhas que ele faz, entre elas, a escolha do mais novo. Por exemplo: Deus prefere Abel a Caim; Jacó a Esaú; José a seus irmãos; Davi a seus irmãos mais velhos, e assim por diante. O velho patriarca Jacó também fez uma opção semelhante (leia Gênesis 48).

Um dos episódios mais conhecidos da vida de Davi é certamente o da luta desigual com o gigante Golias (capítulos 16 e 17). A vitória de Davi o leva para dentro da corte, mas, ao mesmo tempo, suscita a inveja do rei contra o novo herói, pois o povo se agradava mais de Davi do que de Saul.

A inveja se transforma em ódio violento, e Saul começa a perseguir Davi, a fim de eliminá-lo. Jônatas, filho e braço direito do rei, protege e defende Davi, ao qual está unido por uma amizade singular. Todavia, Davi tem de fugir, vivendo como andarilho inclusive em meio aos inimigos de Israel, os filisteus. Saul sai em perseguição de Davi e de seu bando, composto de homens descontentes com a política do rei.

Davi se torna uma espécie de guerrilheiro errante e, com seu bando de descontentes, vai ganhando fama e simpatia por onde passa, preparando assim o terreno para o momento propício da tomada do poder. Em suas andanças, mais de uma vez poupa a vida de Saul, angariando fama de pessoa competente e indicada para governar o povo.

Saul e seu filho Jônatas morrem no monte Gelboé numa batalha contra os filisteus (1 Samuel 31). Nessa ocasião, Davi combate e derrota os amalecitas (2 Samuel 1). Após essa vitória, transfere-se para Hebron, onde reina sobre Judá, sua tribo, por sete anos e meio. Há duas versões acerca da unção de Davi como rei. Uma afirma que Samuel o ungiu (1 Samuel 16) e a outra (2 Samuel 2,1-4) o mostra sendo ungido pelo povo de Judá. Davi reinou até o ano 970.

Teste sua compreensão, associando:

Saul	**1**	◯ Gigante vencido por Davi
Jônatas	**2**	◯ Período do reinado de Saul
Jessé	**3**	◯ Local onde morreu Saul
Golias	**4**	◯ Tentação sofrida por Saul

História Deuteronomista

1030-1010 ⑤	◯ Povo combatido por Saul
1010-970 ⑥	❶ Primeiro rei de Israel
Gelboé ⑦	◯ Pai de Davi
Cobiça ⑧	◯ Condição de Davi guerreiro
Chefe de bando ⑨	◯ Filho de Saul, defensor de Davi
Filisteus ⑩	◯ Período do reinado de Davi

Resposta: 4; 5; 7; 8; 10; 1; 3; 9; 2; 6.

5. A fundação do Estado sob o rei Davi (2Sm 2 a 20)

A morte de Saul abriu caminho para que Davi ocupasse o trono. Porém havia um problema a ser resolvido: a unidade nacional. De fato, Saul havia conseguido manter sob seu controle as tribos do Norte, ao passo que a tribo de Judá, à qual pertencia Davi, nunca o aceitou como rei, apesar de Abner, chefe do exército de Saul, não medir esforços para conservar a família real no poder. Ao morrer, Saul havia deixado um filho de nome Isbaal, que tinha pretensões de chegar à realeza. Joab, chefe do exército de Davi, encarregou-se de eliminar Abner, ao passo que outros dois partidários de Davi assassinaram o filho de Saul. Dessa forma, o caminho para o reinado de Davi estava livre.

Davi era um estrategista e, sendo do Sul, procurou não desgostar as lideranças locais das tribos do Norte. A escolha de Jerusalém como capital de seu império foi também estratégica. Era uma cidade dos jebuseus situada entre a tribo de Judá e as tribos do Norte. O que aconteceu foi provavelmente um acordo entre o rei Davi e o sacerdote-chefe da cidade, chamado Sadoc. Davi seria o líder político, e Sadoc, o líder religioso. Desse modo, Jerusalém se tornou o centro político e religioso para todos.

Tendo alcançado seus objetivos, o rei Davi pretendeu construir uma casa para Javé. Por meio do profeta Natã, Deus prometeu a Davi uma descendência permanente no trono por ele ocupado (2 Samuel 7). Nasceu assim a ideologia messiânica que perdura até os dias de hoje.

O capítulo 8 do segundo livro de Samuel descreve a expansão máxima do império de Davi. Na perspectiva da História Deuteronomista, é com Davi que se atingem os territórios outrora conquistados por Abraão.

Por ocasião da escolha de Saul como rei, o povo estabelecia duas prioridades para uma boa administração: defender os pequenos da ganância dos poderosos (administração interna da justiça) e comandar as forças armadas na defesa contra as agressões internacionais (administração externa da justiça). Pois bem, atingido o máximo poder, o rei Davi cometeu a mais grave injustiça (2 Samuel 11): deixou de ir às guerras para defender o povo e mandou matar Urias, marido de Betsabeia, com quem cometera adultério e cuja gravidez precisava acobertar.

Como dissemos anteriormente, o profeta é o crítico dos desmandos do rei. Natã não receou ir ao encontro do rei Davi a fim de denunciar-lhe o pecado.

Filhos e mulheres

Davi teve várias esposas e gerou muitos filhos. Esposas: Micol, Aquinoam, Abigail, Maaca, Hagit, Abital, Egla, Betsabeia... Filhos: Amnon, Queleab, Absalão, Adonias, Safatias, Jetraam, Samua, Sobab, Natã, Salomão, Jebaar, Elisua, Nafeg, Jáfia, Elisama, Eliada, Elifalet... O primeiro filho de Betsabeia morreu criança.

Micol era filha do rei Saul. Quando trasladou a Arca da Aliança para Jerusalém – ela então se encontrava em Cariat-Iarim – Davi pulava e dançava à frente da Arca. Da janela, Micol o viu e o desprezou. E Davi não a considerou mais como esposa (2 Samuel 6).

História Deuteronomista

Com tantos filhos homens, é compreensível que logo surgisse entre irmãos a disputa para ocupar o trono de Davi assim que ele morresse. A promessa de um herdeiro perpétuo (capítulo 7) não contemplava a figura do primogênito; de fato, quem assumiria o poder após a morte de Davi seria seu filho Salomão, e sua subida ao trono foi fruto de uma tramoia bem arquitetada entre Betsabeia, mãe de Salomão, e o profeta Natã.

Iniciou-se, portanto, uma luta sangrenta entre irmãos para conquistar o poder. No capítulo 13, narra-se o incesto de Amnon, filho primogênito de Davi. Absalão, terceiro filho de Davi na ordem de sucessão, também pretendente, matou Amnon sob o pretexto de ter cometido o incesto. Por causa do crime cometido, o rei o afastou de qualquer pretensão. Entrou então em cena Joab, o chefe do exército de Davi, procurando a reconciliação entre pai e filho (capítulo 14). Davi o recebeu de volta, e Absalão continuou pondo em prática seus planos de chegar ao trono (capítulo 15). Ele mexeu com a sensibilidade das pessoas que buscavam justiça e não a obtinham por causa da morosidade e da burocracia do palácio. Assim ele cresceu em simpatia e popularidade.

Davi se sentiu ameaçado e fugiu de Jerusalém para o deserto, enquanto Absalão agiu em Jerusalém como autêntico sucessor. Davi viveu como um foragido, mas, graças aos benefícios outrora concedidos, conseguiu sobreviver (capítulo 17).

Absalão foi assassinado, e seu exército, derrotado (capítulo 18), de modo que Davi pôde retornar a Jerusalém e governar o povo. Todavia, em sua velhice, criaram-se dois partidos políticos disputando entre si a sucessão do rei. Um partido apoiava Adonias, filho com direito à sucessão. Ele teve o apoio da maioria dos irmãos, do chefe do exército e do sacerdote levita Abiatar. O outro partido apoiava Salomão, com o apoio de Betsabeia, do profeta Natã, do chefe da guarda Banaías e dos soldados mais valorosos do rei Davi (1 Reis 1,1-10).

Natã e Betsabeia conseguiram o aval do velho rei que declarava Salomão como legítimo sucessor. Vendo-se derrotado e perdido, Adonias foi agarrar-se aos chifres do altar.

> **Chifres do altar**
> O altar dos holocaustos possuía quatro chifres, um em cada canto. Representavam a divindade. Quem se agarrasse aos chifres do altar não podia ser morto nem tocado até que se fizesse um julgamento regular e fosse emitida a sentença (1 Reis 1,41-53).

Adonias foi "salvo pelo gongo", pois Salomão respeitou aquilo que a lei previa. Mas foi por pouco tempo.

6. O papel da autoridade política (2Sm 21 a 24)

Os capítulos de 21 a 24 interrompem a sequência da História Deuteronomista, que continua no primeiro livro dos Reis. São 6 apêndices formando 3 pares:

Primeiro par: duas narrativas de calamidades: fome de 3 anos (21,1-14) + peste de 3 dias (capítulo 24);
Segundo par: duas séries de contos heroicos: os 4 gigantes filisteus (21,15-22) + os valentes de Davi (23,8-39);
Terceiro par: dois textos poéticos: cântico de Davi (capítulo 22) + últimas palavras de Davi (23,1-7).

No capítulo 22, encontra-se o elogio da autoridade política por libertar o povo de seus inimigos. O texto é muito parecido com o Salmo 18.

O começo do capítulo 23 revela outra tarefa importante da autoridade política: permitir que o povo viva conforme a justiça e o direito.

* * *

Acabamos de examinar a espinha dorsal dos livros de Samuel. Seria interessante, agora, uma leitura dos dois livros com as chaves oferecidas neste breve estudo. A História Deuteronomista já não é para você um bicho de sete cabeças. Se você entendeu seus objetivos, tente avaliar o comportamento de seus principais personagens, atribuindo-lhes a nota de 0 a 10.

Eli	( );
Hofni e Fineias, filhos de Eli	( );
Ana, mãe de Samuel	( );
Joel e Abias, filhos de Samuel	( );
Samuel	( );
Saul	( );
Jônatas	( );
Davi	( );
Betsabeia	( );
Natã	( );
Abner, comandante do exército de Saul	( );
Joab, comandante do exército de Davi	( );
Amnon	( );
Adonias	( );
Absalão	( );
Salomão	( ).

Os livros de Samuel

REINO DE DAVI E SALOMÃO

9
Os livros dos Reis

I. ANTES DE ABRIR OS LIVROS

Quatro séculos de história...

É verdade. O tempo da monarquia em Israel durou um pouco mais de quatro séculos. Os dois livros dos Reis narram acontecimentos que vão da velhice de Davi e sua morte (ano 970) até o início do cativeiro na Babilônia (ano 587/586). A monarquia termina com o início do exílio na Babilônia.

E aí termina também a História Deuteronomista...

Com certeza. Vale a pena recordar o objetivo fundamental dessa corrente de pensamento: se o povo de Israel permanece fiel a seu Deus e a sua Aliança, sua história será uma história de paz e de felicidade; porém, se for infiel à Aliança, a história do povo não será bem-sucedida. Foi o que aconteceu. Os babilônios invadiram o Reino do Sul, destruíram a cidade de Jerusalém e levaram a população para o exílio.

Era aquilo que alguns profetas haviam anunciado...

É interessante observar um detalhe: com o surgimento da monarquia, surge também paralelamente o movimento dos profetas. Samuel pode ser considerado o primeiro dos profetas e, com a chegada do exílio na Babilônia, o movimento profético se enfraquece e aos poucos vai desaparecendo. Temos a impressão de que, não existindo mais a monarquia, o movimento profético perde sua razão de ser. Mas voltemos ao assunto dos livros dos Reis e de seus temas principais.

Quais são as fontes utilizadas para escrever os livros dos Reis?

Na Bíblia Hebraica, os dois livros dos Reis formam um único livro, pertencente aos "Profetas Anteriores". As fontes são várias. Provavelmente, já existia uma História de Salomão, e com certeza os Anais dos reis de Judá. Já existia uma história do rei Davi e uma descrição do Templo de Jerusalém, elaborada pelos sacerdotes. Separadamente, havia também uma história do profeta Elias, escrita no século IX, bem como uma história do profeta Eliseu. Podemos acrescentar algumas tradições acerca do profeta Isaías, conservadas pelos seguidores desse profeta.

Por que nem sempre as datas coincidem?

A cronologia dos reis de Judá e de Israel é uma questão delicada. Não se deve ter uma preocupação excessiva com a exatidão das datas. Quando o império de Salomão se divide em dois reinos, o Reino do Norte e o Reino do Sul (ano 931), a sucessão dos reis segue praticamente uma ordem cronológica. Todavia, a data da posse de um rei é fixada a partir do ano do reinado do monarca do outro reino. Por exemplo: A subida de Jorão, filho de Josafá, ao trono de Judá, acontece no quinto ano de Jorão, filho de Acab, rei de Israel (2 Reis 8,16). A não indicação de dia e mês favorece a imprecisão.

Por que a História Deuteronomista se encerra com os livros dos Reis?

O motivo principal é que essa escola se dissolveu no tempo do exílio na Babilônia ou imediatamente depois, por isso não podia ir além. Mais ainda: a História Deuteronomista queria que o povo aprendesse a lição da história, e essa lição estava bem clara. Na Bíblia, a continuação se chama História do Cronista, que compreende os dois livros da Crônicas e os livros de Esdras e Neemias. Estes últimos são a continuação propriamente dita dos livros dos Reis. Mas os autores são outros, e outra é a visão de história que eles apresentam.

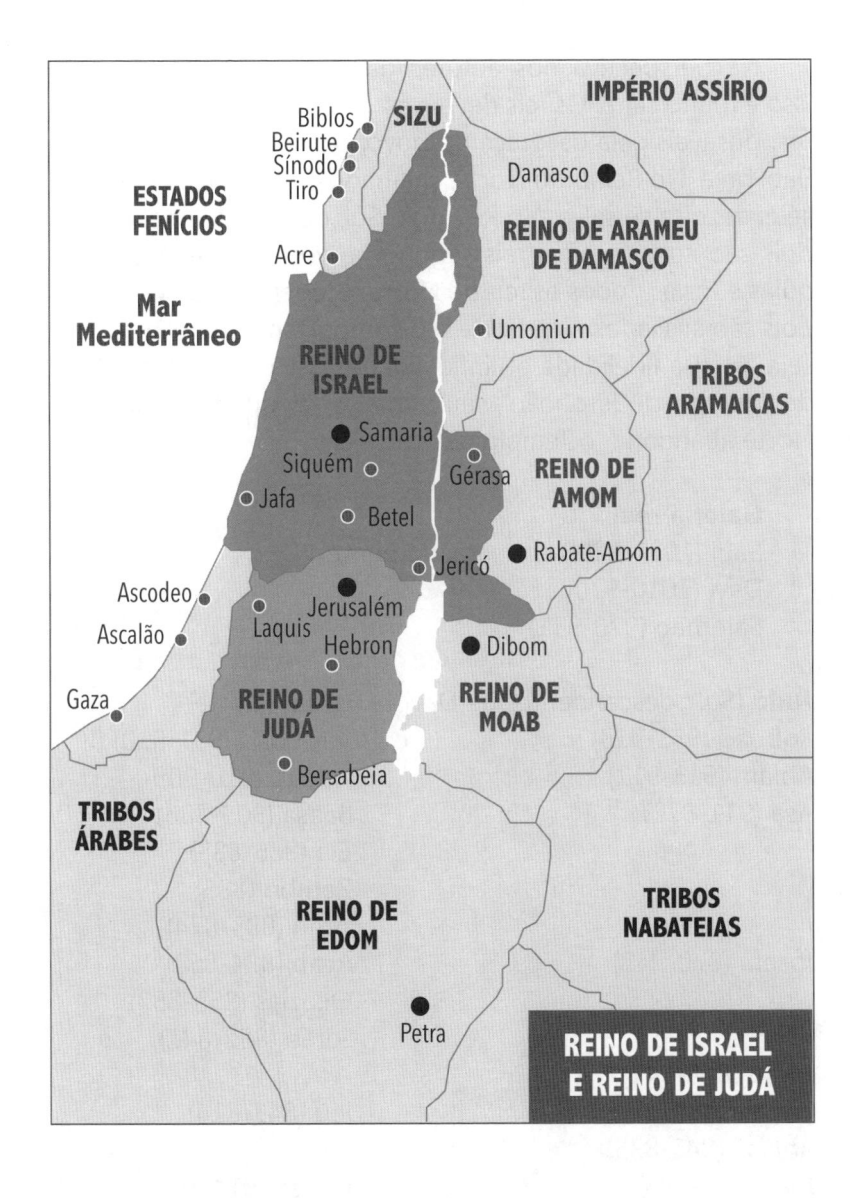

Os livros dos Reis

IMPÉRIO ASSÍRIO

Biblos
Beirute
Sínodo
Tiro
SIZU
Damasco

ESTADOS FENÍCIOS

Acre

REINO DE ARAMEU DE DAMASCO

Mar Mediterrâneo

Umomium

REINO DE ISRAEL

Samaria
Siquém
Jafa
Gérasa
Betel

TRIBOS ARAMAICAS

REINO DE AMOM

Jericó
Rabate-Amom

Ascodeo
Ascalão
Jerusalém
Laquis
Hebron
Dibom

Gaza

REINO DE JUDÁ

REINO DE MOAB

Bersabeia

TRIBOS ÁRABES

REINO DE EDOM

TRIBOS NABATEIAS

Petra

REINO DE ISRAEL E REINO DE JUDÁ

História Deuteronomista

É verdade que a experiência da monarquia foi dolorosa para o povo de Deus?

Na perspectiva dos autores da História Deuteronomista isso é muito claro. Os reis devem ser considerados os principais responsáveis pela desgraça do povo, concretizada no exílio na Babilônia. No Reino do Norte, chamado de "Israel", nenhum de seus dezoito se salva. No Reino do Sul, dentre os vinte, apenas dois são considerados reis segundo a vontade de Deus: Ezequias e Josias. Todos os reis do Norte recebem cartão vermelho, pois são avaliados a partir de seu comportamento religioso, ou seja, de sua fidelidade ou infidelidade à Aliança. Todos sofrem do "pecado de Jeroboão", seu primeiro rei, que fez o povo do Norte abandonar o Templo de Jerusalém.

Galeria real
Saul (1030-1010 aproximadamente)
Davi (1010-970)
Salomão (970-931)

Judá (Sul): descendentes de Davi
Roboão (931-913)
Abiam (913-911)
Asa (911-870)

Josafá (870-848)

Jorão (848-841)
Ocozias (841)
Atalia* (841-835)
Joás (835-796)

Israel (Norte)
Jeroboão (931-910)
Nadab (910-909)
Baasa (909-886)
Ela (886-885)
Zambri (885)
Amri (885-874)
Acab (874-853)
Ocozias (853-852)
Jorão (852-841)

Jeú (841-814)

Joacaz (814-798)
Joás (798-783)

Amasias (796-781)
Ozias (781-740)

Joatão (740-736)

Acaz (736-716)
Ezequias (716-687)
Manassés (687-642)
Amon (642-640)
Josias (640-609)
Joacaz (609)
Joaquim (609-598)
Joaquin (Jeconias) (598)
Sedecias (598-587)

Jeroboão II (783-743)

Zacarias (743)
Selum (743)
Manaém (743-738)
Faceias (738-737)
Faceia (737-732)
Oseias (732-724)

* Atalia é mulher, rompendo temporariamente a sucessão davídica.

> **Um exercício interessante**
> Veja a árvore genealógica de Jesus em Mateus 1,1-17 e vá conferindo a sequência dos reis de Judá, a partir de Davi. Anote os que Mateus excluiu e tente descobrir por que ele citou apenas 14.

II. OLHANDO DE PERTO OS LIVROS

Os dois livros dos Reis podem ser divididos nas seguintes partes: **1.** Capítulos 1-2: a sucessão de Davi; **2.** Capítulos 3-11: a história de Salomão; **3.** Capítulos 12-13: o fim do império de Salomão e surgimento dos dois reinos; **4.** Capítulos 14-16: os dois reinos até o profeta Elias; **5.** 1 Reis 17 a 2 Reis 1: a história de Elias; **6.** 2 Reis 2-13: a história de Eliseu; **7.** Capítulos 14-17: os dois reinos até a queda de Samaria; **8.** Capítulos 18-25: o fim do Reino de Judá.

1. A sucessão de Davi (1Rs 1 a 2)

A história da sucessão de Davi não tem nada de edificante. Muito pelo contrário, trata-se de uma luta cruel entre dois partidos e, sobretudo, entre dois irmãos rivais. Além de trágica, a cena é cômica: o rei está velho e sequer consegue esquentar-se, de modo que providenciam para ele uma jovem para que o aqueça. Um partido apoia Adonias, filho com direito à sucessão. Ele tem o apoio da maioria dos irmãos, do chefe do exército e do sacerdote levita, Abiatar. O outro partido apoia Salomão, com o apoio de Betsabeia, do profeta Natã, do chefe da guarda, Banaías, e dos soldados mais valorosos do rei Davi.

Enquanto Adonias se movimenta para angariar popularidade, Betsabeia e o profeta Natã tentam seduzir o velho rei, exigindo dele o cumprimento de uma velha promessa, ou seja, a promessa de que Salomão seria seu sucessor. A história de Davi não menciona essa promessa, fato que leva a suspeitar que se trata de uma tramoia entre a rainha-mãe e o profeta. O velho rei acaba declarando Salomão como seu legítimo sucessor.

Vendo-se derrotado, o candidato perdedor busca refúgio junto aos chifres do altar dos holocaustos. Assumindo o poder, Salomão perdoa por enquanto ao irmão, confinando-o a uma espécie de prisão domiciliar. Pensando que a raiva do irmão tivesse cessado, Adonias, por meio da mãe de Salomão, pede que o rei lhe conceda em casamento nada mais nada menos do que aquela jovem (Abisag) que havia aquecido o corpo do velho rei. A ousadia custa caro, e Salomão dá início a uma faxina geral contra seus opositores. Adonias é morto, o sacerdote Abiatar é exilado em Anatot, e Joab é assassinado por Banaías, que o substitui no comando das tropas. Um parente de Saul, chamado Semei, no passado havia maltratado o rei Davi, chamando-o de assassino. É provável que o rei Davi jamais tenha perdoado de fato essa atitude e que tenha delegado seu filho Salomão, a fim de que tomasse providências. E Salomão não deixa por menos. Confina Semei na prisão domiciliar em Jerusalém, declarando-o réu de morte se saísse da cidade. Ele, porém, sai, e o rei manda matá-lo.

2. A história de Salomão (1Rs 3 a 11)

Salomão herda de seu pai Davi um verdadeiro império. Adquire fama internacional, tornando-se sinônimo de pessoa sábia, rica e poderosa. O começo de seu reinado se caracteriza pela prudência que o torna um rei sábio. Desde o início, pede a Deus a sabedoria para governar um povo numeroso, ciente de que o povo não lhe pertence, mas é propriedade exclusiva de Deus. Essa consciência, porém, dura pouco tempo.

Torna-se famosa e proverbial a atitude de Salomão diante das duas mulheres que pleiteam a maternidade de uma criança. Deus lhe concede sabedoria e inteligência extraordinárias; por isso é considerado autor de vários livros de caráter sapiencial. Porém, na verdade, ele é patrono da sabedoria em Israel.

Destaca-se também como arquiteto, e sua obra-prima é sem dúvida a construção do Templo de Jerusalém (veja outra versão dos mesmos fatos em 1 Crônicas 11 e seguintes). Terminada a construção do Templo, o rei transfere para seu interior a Arca da Aliança.

Salomão caracteriza-se também como grande comerciante. Casado com uma filha do Faraó, estende seu comércio para além das antigas fronteiras. O luxo e o requinte estão presentes em suas construções, que vão de seus palácios aos palácios de suas esposas.

É famoso o harém de Salomão. E aquilo que poderia parecer ostentação de poder e riqueza acaba tornando-se motivo de sua loucura e afastamento do caminho traçado por Deus. De fato, ele se deixa arrastar pela idolatria introduzida pelos inúmeros contatos com outras nações e com seus numerosos casamentos com mulheres estrangeiras.

> **O harém de Salomão**
> 1 Reis 11,3 afirma que Salomão teve 700 mulheres princesas e 300 concubinas. Os números podem ser exagerados, pois naquela cultura ter muitas mulheres era sinônimo de poder. Contudo, a Bíblia registra um único filho dele, Roboão.

Enquanto isso, lá no Egito, alguém se prepara a fim de voltar a sua terra. É Jeroboão, autor principal da divisão do império de Salomão. Ele pertence à tribo de Efraim, portanto é porta-voz dos descontentes do Norte. Retorna dessa forma a rivalidade entre Norte e Sul, apaziguada pela diplomacia de Davi e reativada pela ganância de Salomão.

Salomão reinou 40 anos em Jerusalém (970-931). Após sua morte, seu filho Roboão assume o poder, porém a separação já está decretada. Realiza-se dessa forma aquilo que Samuel havia previsto como "direito" do rei. É o que você pode conferir em seguida, comparando as duas opiniões acerca da monarquia.

O que Samuel dizia (1 Samuel 8)	*A realidade em Salomão* (1 Reis 4-5)
Encarregará vossos filhos de seus carros de guerra e de sua cavalaria	4000 cavalos de tração e 12000 de montaria
Ele os nomeará chefes de mil e chefes de cinquenta	Os prefeitos de Salomão
Tomará vossas filhas para perfumistas, cozinheiras e padeiras	13,5 ton. de flor de farinha e 27 ton. de farinha comum/dia; 30 bois/dia, 100 carneiros/dia e caças...

Tomará vossos campos, vinhas e olivais para dá-los a seus servos. Exigirá o dízimo...	Cf. 1 Reis 4,1-6
Vós vos tornareis seus escravos...	Adoniram, chefe dos trabalhos forçados

3. Fim do império de Salomão e surgimento dos dois reinos (1Rs 12 a 13)

Siquém voltou a ser palco de uma grande assembleia (veja o capítulo 24 do livro de Josué). Aí se reuniram as lideranças das tribos, diante de Roboão e de Jeroboão. O povo reclamou e pediu que o novo rei aliviasse a carga de impostos exigida pelo rei Salomão. Sem experiência administrativa, Roboão seguiu o conselho de seus colegas em vez de adotar a recomendação dos antigos assessores do rei Salomão, favoráveis à diminuição dos impostos. Seus colegas o aconselharam a agravar ainda mais a carga. Essa atitude foi a gota d'água para que explodisse a revolta das tribos do Norte, lideradas por Jeroboão.

Desse modo, o grande império de Davi e Salomão estava dividido: duas tribos – Judá e Simeão (na verdade, Simeão foi logo absorvido por Judá) – passaram a constituir o Reino de Judá, também chamado de Reino do Sul; e as dez tribos restantes formaram o Reino de Israel, também conhecido como Reino do Norte (às vezes chamado de Efraim, José...).

O Reino do Norte teve Jeroboão como primeiro rei, ao passo que no Sul o trono foi ocupado por um descendente de Davi (cf. a promessa de 2 Samuel 7).

Jeroboão tomou providências drásticas. Percebendo que o povo continuava indo a Jerusalém para oferecer sacrifícios e fazer ofertas em dinheiro, decidiu acabar com a evasão de divisa e criou dois santuários no Reino do Norte: Dã, no extremo norte, e Betel, junto à fronteira do sul. Modificou o calendário religioso e

História Deuteronomista

instituiu sacerdotes que não eram descendentes do sacerdócio legítimo exercido no Templo de Jerusalém. Ele próprio agia como sacerdote. Os autores da História Deuteronomista deram a essas atitudes o título de "pecado de Jeroboão", e todos os reis do Norte foram condenados por esse motivo. Os profetas, de modo geral, nunca viram com bons olhos a separação e, mais ainda, o culto prestado a Deus no Reino do Norte. Alguns reis de Judá tentaram inclusive anexar o Reino do Norte.

Resuma, associando:

Adonias **1**	( ) Tribo anexada por Judá
Salomão **2**	( ) Tribos que compõem o Reino do Norte
Betsabeia e Natã **3**	( ) Primeiro rei do Reino do Norte
Roboão **4**	( ) Sucessor do rei Davi
Jeroboão **5**	( ) Outro nome do Reino do Norte
Betel e Dã **6**	( ) Primeiro rei do Reino do Sul
Judá e Simeão **7**	**(1)** Concorrente de Salomão ao trono
"Pecado de Jeroboão" **8**	( ) Tribos que compõem o Reino do Sul
Dez tribos **9**	( ) Partidários de Salomão
Simeão **10**	( ) Santuários criados por Jeroboão
Reino de Israel **11**	( ) Nome dado à atitude de Jeroboão

Resposta: 10; 9; 5; 2; 11; 4; 1; 7; 3; 6; 8.

4. Os dois reinos até o profeta Elias (1Rs 14 a 16)

No Reino do Norte, a sucessão no trono não foi coisa pacífica. Muitas vezes, houve derramamento de sangue, golpes de Estado e grandes rivalidades. Jeroboão foi substituído por Nadab, logo assassinado por Baasa, que o sucedeu no trono. A capital do Reino do Norte é nitidamente Tersa. Baasa reinou aí por vinte e quatro anos, e seu filho Ela ocupou seu lugar. Zambri, um dos chefes militares, conspirou contra o rei, matou-o e apoderou-se do trono. Vendo-se cercado por Amri, Zambri pôs fogo no palácio em que estava e morreu. Amri reinou seis anos em Tersa e construiu a nova capital, chamada Samaria. Ao morrer, foi sucedido por seu filho Acab, dando origem a uma breve dinastia, a dinastia de Amri.

No Reino do Sul, a sucessão foi menos traumática, pois houve aí a continuação da dinastia de Davi. Apesar disso, poucos reis mereceram elogios de acordo com os paradigmas da História Deuteronomista, pois o comportamento desses reis foi avaliado do ponto de vista religioso, ou seja, a partir da perspectiva da centralização cultual no Templo de Jerusalém. Para ter aprovação, o rei deveria combater e destruir todo culto fora do Templo. Assim Roboão foi reprovado por não ter destruído os lugares altos, as estelas e os postes sagrados sobre as colinas e debaixo de árvores frondosas.

Detalhe interessante: o novo rei que substituiu o pai no trono foi identificado também mediante a recordação da mãe. Assim, Abiam, filho de Roboão, foi apresentado como filho de Maaca, filha de Absalão.

No plano internacional, o Reino do Sul quase nunca desfrutou da paz. Já no reinado de Roboão, a capital Jerusalém foi atacada por Sesac, rei do Egito. Ele invadiu a cidade, apoderando-se dos tesouros do Templo e dos tesouros do palácio real, levando tudo o que encontrava.

Abiam foi sucedido por Asa, seu filho. Iniciaram-se os conflitos entre os dois reinos. Baasa, rei do Norte, atacou o Reino do Sul, obrigando o rei Asa a fazer coligações com os arameus, a fim de se defender.

5. A História de Elias (1Rs 17 a 2Rs 1)

A História Deuteronomista insere no reinado de Acab um documento chamado "A História de Elias". O fato é motivado pelo casamento de Acab com Jezabel, filha de Etbaal, rei dos sidônios. Etbaal foi um sacerdote da deusa Astarte e tomou o poder na cidade de Tiro na época de Acab. O casamento com Jezabel era uma tentativa de aproximação em vista de uma aliança política. Todavia, as consequências religiosas para o Reino do Norte foram extremamente graves, pois Jezabel introduziu aí os cultos fenícios, com grande adesão popular. Surgiu, então, a figura do profeta Elias como restaurador do culto a Javé, Deus de Israel.

A História de Elias é narrada a partir de 1 Reis 17 até 2 Reis 1. Inicia-se com longa estiagem, que Acab atribuiu à ação de Javé, ao passo que Elias sustentou ser consequência da idolatria. O que se segue é uma queda de braço entre o culto a Baal e o culto a Javé. Elias é apresentado como personagem extraordinária que Deus sustentou e que, por sua vez, sustentou os pobres, mediante milagres: o milagre da farinha e do azeite que garantiram a vida da viúva de Sarepta e seu filho, e o milagre da ressurreição do filho dessa viúva.

O ponto alto da História de Elias é o desafio no monte Carmelo, onde o profeta enfrentou centenas de profetas de Baal, eliminando-os, terminando, dessa forma, com o culto pagão do Reino do Norte. Destruída a idolatria, a chuva tornou a cair sobre a terra.

O episódio do monte Carmelo irritou grandemente a rainha Jezabel, que decretou a morte do profeta. Ele então fugiu em direção ao sul, atravessou o território de Judá e chegou ao monte Horeb, isto é, o monte Sinai, onde Moisés recebeu de Javé a Lei.

Num encontro singular com Deus, o profeta recebeu dupla missão: ungir Jeú como rei de Israel (na verdade, a unção foi feita por seu discípulo Eliseu) e escolher Eliseu como seu sucessor.

Outro episódio importante e muito conhecido na vida de Elias encontra-se no capítulo 21. É conhecido como "a vinha de Nabot". Instigado por Jezabel, o rei violou um dos mandamentos do Decálogo, tirando à força a vinha de Nabot, após tê-lo matado. O fato serve para aplicar tanto ao rei quanto a sua esposa a Lei do Talião. Além disso, decretou-se o fim da dinastia de Amri.

Acab morreu lutando contra Ramot de Galaad, foi sepultado em Samaria, e os cães lamberam seu sangue. Seu filho Ocozias reinou em seu lugar. O fim de Jezabel é narrado na História de Eliseu, no tempo em que Jeú governava Israel e promoveu um banho de sangue. Foi assassinada, e os cães comeram suas carnes (2 Reis 9,30-37). A História de Elias termina com seu arrebatamento num carro de fogo (2 Reis 2).

> **Arrebatamento de Elias**
>
> Elias é um dos personagens mais importantes de toda a Bíblia, mencionado, no Novo Testamento, várias vezes. Os judeus ainda hoje o esperam como precursor da chegada do Messias. O Evangelho de Mateus (11,14; 17,11) compara João Batista ao profeta Elias. Ele representa a profecia e, nessa condição, está presente na transfiguração de Jesus. A carta de Tiago (5,17) o mostra como modelo de intercessão.
>
> Alguns grupos religiosos veem em João Batista a reencarnação de Elias. Porém, quando perguntado se era Elias, João Batista responde "Não" (veja João 1,21).
>
> O arrebatamento de Elias é simplesmente um modo de dizer que "Deus toma e leva para si o que é seu, a vida de seu profeta, quando quer e onde quer; e não permite interferências humanas" (Pe. Luís Alonso Schökel).

6. A História de Eliseu (2Rs 2 a 13)

Ao se despedir do mestre Elias, Eliseu fez um pedido exigente, cuja realização Elias não garantiu: a dupla porção do espírito do mestre.

Na cultura de Israel, o filho primogênito recebia dupla porção da herança paterna, pois a ele cabia, sobretudo, prolongar o nome da família. Por exemplo: um pai com dois filhos, ao repartir a herança entre eles, fazia três porções, sendo que duas eram destinadas ao primogênito.

Esse detalhe é importante para compreender a História de Eliseu, sucessor de Elias no Reino do Norte. Como dissemos, ele mandou ungir Jeú como rei de Israel, e um discípulo seu o fez (2 Reis 9,1-10). Eliseu fez coisas semelhantes às de Elias, superando-o. Ele interferiu na vida política nacional e internacional; assim como Elias fizera o milagre da farinha e do azeite, Eliseu fez algo semelhante (4,1-7); Elias ressuscitou o filho da viúva de Sarepta, e Eliseu ressuscitou o filho da sunamita (4,8-36).

Superando o mestre, Eliseu salvou os irmãos profetas de tomarem uma sopa envenenada, simplesmente misturando a ela farinha (4,38-41); multiplicou os pães (4,42-44); curou da lepra Naamã, chefe do exército arameu (capítulo 5); recuperou milagrosamente um machado caído no rio (6,1-7); capturou um batalhão de soldados arameus (6,8-23); predisse o fim da fome e do cerco de Samaria (6,22-7,3) etc.

A atividade de Eliseu se prolongou no reinado de Jeú (841-814). Esse rei exterminou a dinastia de Amri, provocando um banho de sangue nos dois reinos: massacrou a família real de Israel e os príncipes de Judá. Acabou com o culto de Baal no Reino do Norte, mas a História Deuteronomista não o isentou do "pecado de Jeroboão", ou seja, ele não eliminou os bezerros de ouro nos santuários de Betel e de Dã.

No Sul, quando soube que Jeú matara seu filho Ocozias, sua mãe Atalia decidiu exterminar toda a descendência real. Atalia é a única mulher a reinar em Israel (841-835). Por iniciativa de Josaba, irmã do rei Ocozias, apenas um descendente real sobreviveu: trata-se de Joás, ainda criança, conservado escondido até a morte de Atalia.

No Norte, Jeú inaugurou uma breve dinastia. Sucedeu-lhe Joacaz, rei submetido ao poder dos arameus. Joacaz deixou o

Reino do Norte extremamente enfraquecido pelas forças arameias. Sucedeu-lhe seu filho Joás, e, durante seu reinado, Eliseu terminou seus dias. A vida deste profeta foi marcada por milagres sem conta; até depois de morto, seus restos mortais ainda tinham o poder de devolver vida a um defunto (13,14-21).

7. Os dois reinos até a queda de Samaria (2Rs 14 a 17)

Quando sobe ao trono de Judá, Amasias manda matar seus oficiais responsáveis pela morte de seu pai. Ele desafia o rei do Norte para uma guerra entre povos irmãos. No Reino do Norte, sobe ao trono um militar inteligente e muito capaz: é Jeroboão II (783-743). Produz no Reino um verdadeiro "milagre econômico". A expansão territorial, a corrida armamentista e as exportações provocam um florescimento nunca visto. Ao lado do progresso e do bem-estar das elites, existe a miséria de muitos. Tudo isso apoiado pelo poder religioso do santuário de Betel. É a época do profeta Amós, e, um pouco mais tarde, do profeta Oseias.

Os sucessores de Jeroboão II duram muito pouco: Zacarias governa por seis meses; Selum, um mês, é morto pelo violento Manaém, que governa por dez anos.

A Assíria se agiganta no cenário internacional, tornando-se grande potência e invadindo o Reino do Norte. Por ora as coisas não se modificam, pois Manaém paga mil talentos de prata, a fim de que o rei da Assíria se retire. Seu filho Faceias reina em seu lugar, sendo assassinado por seu escudeiro Faceia, que assume o poder. Nessa época, Faceia se alia ao rei arameu e, querendo obrigar Acaz, rei de Judá, a lutar contra a Assíria, invade o Reino do Sul (veja o livro do profeta Isaías). Após um reinado de vinte anos, Oseias conspira contra Faceia, mata-o e reina em seu lugar.

Oseias é o último rei de Israel. O poderoso império assírio (cerca de 824 a 612) domina o mundo. O rei Oseias paga tributo à Assíria, mas, ao mesmo tempo, busca socorro no Egito.

História Deuteronomista

A Assíria invade o Reino do Norte, destrói a capital Samaria e deporta a população mais abastada. Aqui termina a história do Reino do Norte.

> **Os samaritanos**
> Para repovoar o território, os assírios instalaram no antigo Reino do Norte povos vindos de várias regiões. Eles acabaram misturando-se com os que ficaram no país, dando origem a uma raça não tolerada pelos judeus: os samaritanos. Quando as populações do Sul retornaram do exílio babilônico (ano 538 em diante), os samaritanos queriam colaborar na reconstrução da cidade de Jerusalém e de seu Templo, mas foram impedidos por serem raça miscigenada. A rivalidade entre judeus e samaritanos perdurou até os tempos do Novo Testamento (veja João 4 e Lucas 9,51 e seguintes).

8. O fim do Reino de Judá (2Rs 18 a 25)

A Assíria não se detém de sua ânsia de conquista e começa a ameaçar também o Reino de Judá, onde encontramos um dos dois únicos reis elogiados pela História Deuteronomista, cujos motivos já conhecemos. Trata-se de Ezequias (716-687). É com este rei que se alcançam a centralização do culto em Jerusalém e em seu Templo e, consequentemente, a luta contra a idolatria, expectativas do livro do Deuteronômio e da História Deuteronomista.

No ano 701, o general assírio Senaquerib cerca Jerusalém com grande exército, aguardando que a cidade capitule por falta de água. Porém, a cidade se mantém firme graças à perícia dos engenheiros de Ezequias, que escavam um túnel entre a fonte Gion, fora das muralhas, e a piscina de Ezequias, dentro da cidade. O túnel passava por baixo da muralha e a superfície da fonte havia sido camuflada, de sorte que a cidade sobrevive ao assédio (veja Salmo 46). O acampamento de Senaquerib é acometido de grave epidemia, obrigando os assírios a bater em retirada. Nesse contexto, atua o profeta Isaías que, além disso, cura o rei de uma doença grave.

Aquilo que Ezequias combate como idolatria, seu filho Manassés reabilita ao longo de seus mais de quarenta anos de governo. É um rei violento, capaz de derramar sangue inocente, a ponto de inundar Jerusalém. Após sua morte é substituído por seu filho Amon, igualmente mau e violento. Vítima de uma conspiração, é morto, e seu filho Josias é proclamado rei em seu lugar.

Josias é o segundo rei elogiado pela História Deuteronomista. Reina trinta e um anos e, durante seu reinado, empreende uma reforma político-religiosa: quer resgatar o antigo Reino do Norte e, motivado pela descoberta do livro do Deuteronômio no Templo de Jerusalém, empreende grande reforma religiosa na linha dos princípios adotados pela História Deuteronomista. A reforma é descrita em detalhes a partir do capítulo 22.

A imprudência militar de Josias custa-lhe a vida. De fato, o Faraó Necao parte para combater a Assíria às margens do rio Eufrates. Querendo ganhar a simpatia dos assírios, Josias decide interceptar a marcha de Necao na região de Meguido, onde é morto. A morte inesperada do rei causa grande consternação, e Meguido passa a significar "lugar de derrota total".

Harmagedôn

Harmagedôn significa "Montanha de Meguido" e refere-se ao fato apenas recordado, ou seja, à morte de Josias na montanha de Meguido no ano 609. No Apocalipse (16,16), fala-se de Harmagedôn, e muito se tem especulado acerca dessa citação. O sentido é este: todas as forças do mal, representadas pelo Dragão, pela Besta e por todos os seus seguidores, reunir-se-ão no lugar que se chama Harmagedôn, ou seja, é o mesmo que dizer: serão destruídas para sempre.

A morte de Josias assinala o começo do fim do Reino do Sul. Ele é substituído por Joacaz, que logo se torna prisioneiro do Faraó Necao. O rei do Egito o tira do trono, pondo em seu lugar Eliacim, que, por vontade do Faraó, passa a se chamar Joaquim.

No cenário internacional, surge uma nova potência, o império babilônico (de 605 a 562). No ano 604, Nabucodonosor, rei da Babilônia, invade a Palestina e submete Joaquim. Seu filho Joaquin (Jeconias) reina em seu lugar. Jerusalém é invadida, e Nabucodonosor deporta a primeira leva de judaítas.

O último rei de Judá se chama Sedecias, e, durante seu reinado, Jerusalém é novamente cercada. Em 587 acontece a segunda deportação. Nabucodonosor nomeia Godolias governador de Judá, marcando, dessa forma, o fim da monarquia no Reino do Sul.

Assim termina a História Deuteronomista, melancolicamente.

> **Avaliação**
> Faça uma avaliação pessoal dos livros dos Reis e de toda a História Deuteronomista. Pergunte-se como Deus consegue escrever direito por linhas tão tortas como as da história dos reis do Antigo Testamento.
> Para rezar: Salmos históricos: 78; 105; 106.

Índice

A coleção: "Conheça a Bíblia. Estudo popular" | 3

Apresentação | 5

PENTATEUCO | 7

1. O LIVRO DO GÊNESIS | 9

I. Antes de conhecer o livro | 9
    1. Uma árvore, ao mesmo tempo, estranha e bela | 9
    2. De olho no retrovisor | 13

II. Conhecendo o livro | 15
    1. As origens do mundo e da história (capítulos de 1 a 11) | 15
    2. As raízes do povo de Deus: história dos patriarcas (capítulos de 12 a 50) | 18

2. O LIVRO DO ÊXODO | 29

I. Antes de abrir o livro | 29
    1. O título | 29
    2. Do que trata o livro? | 29

3. Falando de datas | 31
4. Cada um conta de seu jeito | 31
5. O que realmente eram as pragas do Egito? | 34
6. É Deus quem endurece o coração do Faraó? | 35
7. Qual o nome de Deus revelado a Moisés: Jeová ou Javé? | 36
8. O que foi de fato a passagem do mar Vermelho? | 37

II. Olhando o livro de perto | 38
1. No Egito (1,1 a 13,16): opressão | 38
2. A saída e a travessia do mar Vermelho (13,17 a 15,21): liberdade | 41
3. No deserto (15,22-40): aprendendo a ser livres | 43

3. O LIVRO DO LEVÍTICO | 45

I. Antes de abrir o livro | 45
1. O título | 45
2. Qual o assunto do livro? | 45
3. Quando foi escrito? | 46

II. Olhando o livro de perto | 48
1. Os sacrifícios (capítulos de 1 a 7) | 48
2. Os sacerdotes (capítulos de 8 a 10) | 49
3. Pureza e impureza (capítulos de 11 a 16) | 50
4. O Código de Santidade (capítulos de 17 a 26) | 52
5. O resgate (capítulo 27) | 56

4. O LIVRO DOS NÚMEROS | 57

I. Antes de abrir o livro | 57
   1. Conversando sobre o livro | 57
   2. A mensagem do livro dos Números | 60

II. Olhando o livro de perto | 61
   1. O recenseamento (capítulos de 1 a 4) | 61
   2. Leis (capítulos 5 e 6) | 61
   3. As ofertas dos chefes e a consagração dos levitas (capítulos 7 e 8) | 63
   4. Celebração da Páscoa e partida (capítulos 9 e 10) | 63
   5. Etapas no deserto (capítulos de 11 a 14) | 64
   6. Sacrifícios, sacerdotes e levitas (capítulos de 15 a 19) | 65
   7. A marcha de Cades a Moab (capítulos de 20 a 25) | 66
   8. Outras leis (capítulos de 26 a 30) | 67
   9. Despojos de guerra e partilha (capítulos de 31 a 36) | 68

5. O LIVRO DO DEUTERONÔMIO | 69

I. Antes de abrir o livro | 69
   1. Conversando sobre o livro | 69
   2. Revisão | 72

II. Olhando de perto o livro | 73
   1. 1º discurso de Moisés (1,1 a 4,43) | 73
   2. 1ª parte do 2º discurso de Moisés (4,44 a 11,31) | 75
   3. Código de leis civis e religiosas (12,1 a 26,15) | 77
   4. 2ª parte do 2º discurso de Moisés (26,16 a 28,68) | 79
   5. 3º discurso de Moisés (capítulos 29 e 30) | 80
   6. Últimos atos e morte de Moisés (capítulos de 31 a 34) | 80

HISTÓRIA DEUTERONOMISTA | 83

6. O LIVRO DE JOSUÉ | 85

I. Antes de abrir o livro | 85
1. Um livro-ponte | 85
2. "Eu era feliz e não sabia" | 86
3. "É a parte que te cabe deste latifúndio" | 88

II. Abrindo o livro de Josué | 90
1. Uma nova ponte e conquista da terra (capítulos de 1 a 12) | 90
2. Partilha da terra (capítulos de 13 a 24) | 93

7. O LIVRO DOS JUÍZES | 97

I. Antes de abrir o livro | 97
1. A história continua... | 97
2. O livro dos Juízes | 98
3. A organização das tribos | 99
4. O que pretendiam os autores da História Deuteronomista (2,6-16,31) | 99
5. O que pretendiam os autores da tradição sacerdotal (1,1-2,5; capítulos de 17 a 21) | 101

II. Olhando de perto o livro | 101
1. A liderança de Judá (1,1-2,5) | 101
2. A história é como uma gangorra (2,6-16,31) | 102
3. No começo era assim... (capítulos 17 e 18) | 105
4. Solidariedade, ato sagrado (capítulos de 19 a 21) | 106

8. OS LIVROS DE SAMUEL | 107

I. Antes de abrir os livros | 107

II. Olhando os livros de perto | 111
   1. O fim do sistema igualitário das tribos (1Sm 1 a 7) | 111
   2. O surgimento do sistema
      tributário dos reis (1Sm 8 a 11) | 113
   3. Os perigos do poder centralizado
      nas mãos de uma pessoa (1Sm 12 a 15) | 116
   4. O surgimento do líder
      popular (Davi) (1Sm 16 a 2Sm 1) | 118
   5. A fundação do Estado sob o rei Davi (2Sm 2 a 20) | 120
   6. O papel da autoridade política (2Sm 21 a 24) | 123

9. OS LIVROS DOS REIS | 127

I. Antes de abrir os livros | 127

II. Olhando de perto os livros | 131
   1. A sucessão de Davi (1Rs 1 a 2) | 132
   2. A história de Salomão (1Rs 3 a 11) | 133
   3. Fim do império de Salomão e
      surgimento dos dois reinos (1Rs 12 a 13) | 135
   4. Os dois reinos até o profeta Elias (1Rs 14 a 16) | 137
   5. A História de Elias (1Rs 17 a 2Rs 1) | 138
   6. A História de Eliseu (2Rs 2 a 13) | 139
   7. Os dois reinos até a queda de Samaria (2Rs 14 a 17) | 141
   8. O fim do Reino de Judá (2Rs 18 a 25) | 142

MAPAS

O Mundo Antigo | 19
Egito, Península Sinaítica e Palestina
na época do êxodo | 66
Doze tribos de Israel | 92
Reino de Davi e Salomão | 125
Reino de Israel e Reino de Judá | 129

Este livro foi composto com as famílias tipográficas Cantonia, Minion Pro e Segoe e impresso em papel Offset 63g/m² pela **Gráfica Santuário.**